날마다 즐거운 생활

취미의 발견

바느질
커피
사진
꽃
...
그런 것들에
관한 이야기

날 마 다 즐 거 운 생 활
취미의 발견

제1판 1쇄 발행 | 2014년 9월 15일
제1판 3쇄 발행 | 2015년 7월 15일

글·사진 고민숙
펴낸이 박성우
기획 편집 코티지 김지해
디자인 정해진 www.onmypaper.com
일러스트 로테 www.haisung777.blog.me
뜨개도안 아민 www.a-min.com
펴낸곳 청출판
주소 경기도 파주시 문발동 594-10 1F
전화 070-7783-5685 | **팩스** 031-945-7163
전자우편 sixninenine@daum.net
등록 제406-2012-000043호

ⓒ 2014 고민숙

ISBN | 978-89-92119-48-1 13590

이 책은 청출판이 저작권자와의 계약에 따라 발행한 것으로
본사의 허락 없이는 이 책의 일부 또는 전체를 이용하실 수 없습니다.

날마다 즐거운 생활
취미의 발견

바느질
커피
사진
꽃···
그런 것들에
관한 이야기

글·사진 고민숙

SEWING KNITTING EMBROIDERY

REFORM VINTAGE GARDENING

COFFEE PHOTOGRAPH TRAVEL

취
미
의
발
견

PROLOGUE

하나
SEWING
조각조각 추억을 꿰매는 일
바 느 질
012

둘
KNITTING
또 하나의 재미난 즐길거리
뜨 개
048

여섯
GARDENING
마당에서의 즐거운 놀이
가 드 닝
112

일곱
COFFEE
하루를 시작하는 향기로운 의식
커 피
130

셋
EMBROIDERY
오롯이 나와 마주하는 시간
자 수
070

넷
REFORM
조금씩 고쳐 가며, 덧붙여 가며
리 폼
084

다섯
VINTAGE
오래된 물건이 주는 낭만
빈 티 지
100

여덟
PHOTOGRAPH
우리 가족 매일의 기록
사 진
144

아홉
TRAVEL
일상을 특별하게 해 주는
여 행
160

MY FAVORITE SHOP

My Favorite Things

바느질, 뜨개, 자수, 리폼, 가드닝, 빈티지, 커피, 사진, 여행
내가 좋아하는 몇 가지 취미들…
그것들이 채워 주는 나의 낭만 일상, 좋아해!

"콩콩 씨, 요즘은 뭐하고 놀아요?"

PROLOGUE

도시 생활을 정리하고 이웃집도 없이 외떨어진 곳에서 시골 생활을 한 지 어느덧 9년. 그동안 나에게 취미는 혼자이면서도 혼자이지 않은 듯 즐길 수 있었던 일상의 재미난 놀이면서, 다정한 친구 같은 것이었다. 일상 속에서 다양하게 늘어난 취미는 언제나 내게 지루할 틈이 없게 만들어 주곤 했다.

첫아이 돌 무렵 시작한 손바느질부터 낡은 시골집을 내 손으로 꾸미고 싶어서 시작한 리폼도, 딸아이 말 한마디에 도전하게 된 뜨개질도, 마당 있는 집에 살게 되면서 자연스레 생활로 스며든 가드닝도, 하루가 다르게 커가는 아이들과 남편의 도자기, 그리고 나의 핸드메이드 작품들을 추억으로 남기기 위해 매일 카메라를 들고 찍었던 사진도, 혀끝에 향기롭게 남는 달콤함에 반해서 사랑하게 된 커피도… 참으로 많은 것들이 나의 호기심을 자극했고, 'Feel' 하나로 몰입하는 순간 취미는 일상의 즐거운 놀이가 되었다. 어떤 것들은 진작에 이런 재미를 알았더라면 싶은 것도 있었고, 어떤 것들은 아직도 배워보고 싶은 것들로 남아 있다.

나는 언젠가부터 사람들과 취미에 대해 이야기하는 것이 즐겁고, 별다른 취미가 없다는 사람들에겐 자신에게 맞는 것을 찾아 취미 생활을 해 보라고 적극 권하곤 한다. 주위에선 이런 내게 타고난 손재주와 감각이 있을 것이라고 상상하지만, 사실 취미 생활을 즐기기에 특별한 재능이 필요하지는 않았다. 그저 마음 가는 것이 있다면 두려움 대신 설렘으로 시작하다 보면 자연스레 몰입하게 되고 즐기게 된다. 어느 순간 그 몰입은 싫증이 아닌 또 다른 분야의 호기심으로 확장되어 새로운 취미의 발견이 부록처럼 따라붙었다.

취미의 발견이란, 나를 발견하고, 주위를 발견하고, 일상을 발견하는 것이다.

이 책에 내가 좋아하는 몇 가지 취미 이야기를 담으며, 혼자서 시작해 볼 수 있는 정보들도 함께 소개해 보았다. 특별히 잘하거나 뛰어나진 않지만, 서툴러도 괜찮은 나의 취미가 누군가에게 새로운 '취미 발견'의 동기가 되어 준다면 참으로 행복할 것 같다.

"당신의 취미는 무엇인가요?"

시골 낭만 생활자 콩콩 씨

취미의 발견
하나

SEWING

조각조각 추억을 꿰매는 일 | 바 느 질

찰나의 순간을 영원히 남겨두는 사진처럼, 바느질은 어쩌면 현재의 추억을 조각조각 천으로 이어 붙여 나와 우리 가족의 역사를 꿰매어 두는 일인지도 모르겠다. 한 땀 한 땀 바느질을 하면서 나의 일상을 꿰매 담고, 아이들과의 추억을 꿰매 담는 참 좋은 취미…

나는 바느질이 참 좋다.

나의 첫 바느질에 대한 기억

일년 내내 농사일에 바쁘셨지만 농한기였던 겨울에 엄마는 천 바구니를 끌어다 무릎 앞에 놓고 손바느질을 하시거나 대나무를 잘게 쪼개어 바구니 엮는 일을 하셨다. 그런 엄마 곁에서 나도 뭔가를 만들어 보고 싶은 어린 마음에 알록달록 예쁜 천을 조몰락조몰락 만지며 놀았다.

하루는 엄마가 낡고 유행 지난 한복 치마를 잘라내 오글오글 주름을 잡는가 싶더니 금세 동그란 받침 하나를 만드셨는데, 아끼시던 전동 믹서기 받침을 만든 것이었다. 엄마의 고운 한복으로 만들어진 빨간 주름 받침은 레이스만큼이나 고왔다. 어린 마음에 어찌나 탐나고 예뻐 보였던지… 뒤쪽에서 조금 잘라내면 엄마가 알아채지 못할 거라 생각해 뒷부분의 주름 일부를 잘라서 갖고 놀던 인형의 짧은 레이스 치마를 만들어 주었다. 지금 생각해 보면 분명 모를 리 없는 상황이었지만 그때의 엄마는 어린 딸의 만행을 모른 척 눈감아 주셨다. 이것이 어렴풋이 떠오르는 나의 첫 바느질에 대한 기억이다.

그때의 나를 닮은 것인지 나의 아들딸(태랑이와 해랑) 역시 내가 뭔가를 만들고 있음 어김없이 자기들도 한번 만들어 보고 싶다며 몸을 들이민다. 그러면 나는 그때의 기억이 떠올라 바늘 잡는 법을 알려주고 맘껏 해 보라며 천을 내어준다. 물론 아끼는 천을 아이들이 집어 들면 슬쩍 다른 천으로 바꿔주긴 하지만 말이다.

엄마가 만든 옷

태, 해랑이 어렸을 적엔 많은 옷을 직접 만들어 입혔다. 태랑이가 걸음마를 시작했을 무렵 옷 만들기를 시작했는데 처음 태랑이를 위해 만들었던 옷은 조금 톡톡한 옥스포드 천으로 손바느질해 만든 멜빵바지였다. 옥스포드 천이다 보니 접히는 부분은 두께가 있어 손도 많이 아프고 쉽지 않았다. 며칠 밤을 새며 완성한 옷을 태랑이가 입고 아장아장 걷는 모습을 보고는 혼자서 감격해 손이 아픈 것도 잊어버린 채 바로 다른 옷 만들기에 돌입했다.

이후엔 재봉틀까지 구입해 바느질에 제대로 탄력을 받아 태랑이 돌 복은 물론 해랑이 한복까지 직접 만들고, 어린이집 다니는 내내 많은 옷을 만들어 입혔다. 아무리 잘 만든다고 해도 전문가 솜씨를 가진 게 아니니 어딘가 어색하고 불편했을 터인데, 아이들은 엄마가 만들어준 옷이라며 자랑스레 입어 주고, 그때 한창 재미 붙인 블로그에 엄마의 전속 모델이 되어 주었다. 그래서인지 어설프고 서툰 바느질의 옷이지만 그 옷을 입고 울고 웃던 아이들의 추억이 옷 속에, 소품 속에 고스란히 베어 있어 조그만 가방 하나도 버릴 수가 없다.

01 태랑이에게 만들어 입히고, 해랑이에게 물려준 빨강 재킷
02 모자부터 티셔츠, 바지까지 밀리터리 보이가 되었다.
03 태랑이 어릴 적 여자아이 같다는 소릴 많이 들었는데, 이런 중성적 느낌의 옷 때문이기도 했겠다. 색이 고운 초록 트렌치코트
04 청해지 원단으로 만든 보닛과 주름치마. 걸어다니는 인형 같았다.
05 한 땀 한 땀 손바느질해 만든 돌 한복
06 기성복 같은 옷에 도전했던 치어리더 콘셉트의 점퍼와 빨강 주름치마
07 태, 해랑에게 만들어 준 수영복, 쭉쭉 늘어나는 수영복 소재로 만들어 참 오래도 입었다.

01 DIY 패키지 패턴을 이용해 겨울 소재 천으로 나름 디테일을 살려 만들었던 핑크 재킷
02 일본의 옷 만들기 책을 보고 만들어 본 세일러 칼라의 테니스 원피스
03 해랑이 세 살 때 핑크 도트 원단으로 만든 여름 원피스
04 손바느질로 만들었던 해랑이 아기 때의 바디수트
05 손바느질로 처음 만들었던 태랑이의 점프수트
06 태랑이의 첫 돌을 앞두고 만들어 입혔던 청해지 원단의 셔츠
07 태랑이한테 만들어 입힌 후 해랑이까지 물려 입혔던 체크 멜빵바지
08 해랑이까지 물려 입혔던 옷으로 눈썰매장과 스키장은 물론 마당에서 눈놀이 할 때도 실컷 입었던 엔지니어복 스타일의 패딩 스키복

언젠가 빈티지가 될
엄마의 바느질

뭔가를 만들면서 가끔 옆에 다가 앉은 아이들에게 묻곤 한다.
"이 담에 너희 둘이 컸을 때 엄마가 만든 것들 누구한테 물려줄까?" 하고 물으면 필요없다거나 관심없다 하지 않고 서로 자기한테 달라고 한다. 철없을 땐 소중함을 몰랐다가 뒤늦게 그 가치를 깨닫고, 친정에 갈 때마다 노모의 찬장과 옷장을 들여다보는 지금의 나보다 낫다.
엄마가 만들어 물려주는 핸드메이드의 가치를 이미 알게 된 것이다. 하나하나에 소중한 사연들이 담긴, 내가 만들고 바느질한 소품들이 태, 해랑이가 컸을 땐 어떤 느낌으로 다가올지 벌써 궁금하다.
'너희가 자라는 동안 서툴고 모자란 엄마로 상처 준 기억이 떠오른다면, 부디 이 옷들과 소품들을 보며 너희들을 향한 사랑과 정성으로 한 땀 한 땀 바느질해 입히고, 좋아하는 너희들의 모습에 웃을 수 있었던 이 엄마의 사랑을 조금이라도 느껴주렴!'
어릴 적 사진집 펼쳐 보며 지난 추억을 회상하는 것처럼 우리 아이들은 엄마의 바느질 소품들을 들춰보며 그때 자기들의 작은 몸집과 조금은 남아 있을지도 모르는 체취를 느껴보며 활짝 웃음 지을지도 모르겠다.

내 남자의 첫 재킷

결혼 후 오랜만에 도자기 전시를 갖게 된 남편 꽁지 씨에게 뭔가 의미 있는 선물을 하고 싶다는 생각이 들었다. 여태 아이들 옷만 만들다 이번 기회에 남편을 위한 옷을 한번 만들어 보아야겠다 싶었다.

디자인을 결정하고, 적당한 천을 고르고, 크기에 맞춰 재단하고…. 처음 도전한 성인 남자의 옷은 아이들 옷의 몇 배로 큰데다 까다롭고 디테일한 과정이 많아서 여간 어려운 일이 아니었다. 매일 밤마다 붙잡고 있었는데도 완성까지 근 일주일이 걸렸다. 어렵게 완성한 옷을 옷걸이에 반듯이 걸어 두고, 재킷 안주머니에 전시회 오픈 하는 날 볼 수 있도록 편지 한 통도 넣어 두었다. 생각해 보니 나란 사람, 손발이 오글거리는 로맨티스트였네.

그렇지만 어딘가 불편한 듯 그때 이후로 꽁지 씨는 그 재킷을 이런저런 핑계로 입질 않았다. '오랜 시간이 흘러 다시 봐도 참 정성스레 잘 만들었구만! 어쩌겠어'. 요즘 유행하는 복고 드라마처럼 태랑이가 대학 입학 때 복고 스타일이 멋있다며 아빠 재킷을 흔쾌히 빈티지로 입어 주었으면 하는 바람이다. 하하

엄마의 청춘 가방
how to make p.38

계절이 쌀쌀해질 때쯤이면 들고 다니는 가방도 따뜻한 소재가 당기기 마련이다. 가지고 있던 울 원단을 꺼내 놓고 보니 여기에 겨울 소재 원단 몇 가지를 더 패치워크하고 싶어졌다. 혹시나 해서 아가씨 때 입었던 옷부터 신혼 초까지의 옷을 모아 두었던 장롱을 뒤져 보았다. 대학 졸업반 때 면접용으로 사 둔 헤링본 재킷이 보이고, 값비싼 핸드메이드 리버시블 울 재킷에 미니스커트 하나, 거기에 해랑이가 어릴 때 입던 코트도 하나 있다. 아가씨 때 입던 옷을 보니 늘어난 것은 비단 나이의 숫자 만이 아니었네. 어쩜 저렇게 작은 옷을 입고 다녔나 싶을 정도의 코딱지만한 크기다. 멋 부리고 다닌다고 쫄쫄 굶어 가며 작게 입고 다녔던 아가씨 적의 나를 잠시 웃음으로 만났다. 나의 청춘과 아이의 유년이 담긴 옷을 조각조각 잘라서, 가지고 있던 원단과 잇다 보니 어느새 모녀의 추억이 담긴 따뜻한 느낌의 가방이 만들어졌다.

햇볕 냄새 잔뜩 밴 이불 홑청 위로 무거운 목화솜을 올려 놓고, 하얀 무명실로 한 땀 한 땀 다시 기워 주던 엄마 곁에서 자꾸만 이불 속으로 파고들었던 기억이 난다.

결혼할 때 친정 엄마는 목화솜 이불은 꼭 해야 한다며 기어이 몇 채 해 주셨다. 세탁이 불편하고 무겁다는 이유로 장롱 깊숙이 자리만 차지한 채 천덕꾸러기 신세를 면치 못하고 있던 그 이불에 작은 팬지 문양의 사랑스러운 이불 커버를 만들어 씌웠다. 봄볕 좋은 어느 날, 뒷마당 빨랫줄에 턱 하니 널고 '탁탁' 먼지를 털어준다.

새하얀 이불 홑청이 바람 따라 살랑살랑 나부끼던, 어릴 적 그 바람이 스쳐 지나간다. 꼭 지금 내 나이만큼의 젊은 우리 엄마를 떠올린다.

세월에 덧붙여진 블랭킷
how to make p.39

바느질을 하다 보면 자투리 천이 많이 생긴다. 모아 두어 봐야 뭐 하나 만들려면 막상 크기가 맞지 않아 쓸모없어 보이지만 나는 자투리 천이 예뻐 아까워 버리질 못한다. 어느 날 바구니 한가득 모인 자투리 천을 아무렇게나 연결해서 빅쿠션을 만들었다. 근데 얼마간 사용하다 보니 작은집에서 빅쿠션은 이내 거추장스러운 존재가 되었다. 그렇다고 버리기는 아까워 솜은 따로 모아서 다른 곳에 사용하기로 하고, 커버는 벗겨서 좀 더 크게 천을 덧대어 이번엔 블랭킷으로 만들었다. 집에서는 무릎 담요로 사용하고, 여행을 갈 때면 아이들이 먼저 챙기는 우리 가족 필수품이 되었다.

몇 년의 추억에 또 추억을 이어 만든 블랭킷이 되어
지금까지도 우리와 함께하는 것이다.

일상 속 작은 이벤트!
살림에도 이벤트처럼 낭만 요소를 더하면
살림이 즐거운 놀이가 된다.

- 《시골 낭만 생활》 낭만 행주치마 편에서 -

살림을 낭만적이게 만들어 주는 주문, 행주치마 how to make p.40

설거지를 할 때는 물이 튀지 않도록 가슴부터 내려와 앞을 가려주는 디자인의 앞치마가 실용적이기는 하다. 하지만 나는 허리에 가볍게 둘러매는 행주치마 스타일의 허리 앞치마가 좋다. 허리 앞치마는 비단 설거지 할 때만 쓰는 게 아니라 집에 있을 때면 버릇처럼 질끈 묶게 된다. 커피를 내릴 때도, 바느질을 할 때도, 마당 일을 할 때도 말이다. 원피스나 롱스커트 위에 걸치면 여성스러우면서 왠지 로맨틱하기까지 해서 기분이 절로 좋아진다. 또 집에 손님이 올 때면 일부러 마당 빨랫줄에 쪼르륵 널어 두기도 하고, 작은 창문 앞에 걸어 두면 귀여운 발란스가 되기도 한다.

허리에 주름 몇 개 잡아 주고 리넨 끈 만들어 박아 앞치마를 만들었다. 예쁜 앞치마 허리에 질끈 동여매면 노동이 아닌 즐거움의 가사가 되는 마법의 앞치마

커피 자루 하나도 '멋지다' 싶음
버리지 않고 재활용하기

커피 자루 에코백
how to make p.41

커피를 좋아하다 보니 언젠가부터는 커피를 보관하는 마대 자루까지 관심을 가지고 좋아하게 되었다. 커피 자루 소재의 거칠고 자연스러운 마 느낌에 생산되는 원산지마다 개성 있는 문양과 텍스트가 빈티지와 리폼을 좋아하는 내가 흥미를 가지기에 충분했다. 커피 자루를 이용해서 심플한 디자인의 가방을 몇 개 만들어 두면 공기가 잘 통해 채소를 보관하기에도 좋고, 장을 볼 때 에코백으로 사용하기에도 좋다.

크로스 스티치 장식을 한 티코지
how to make p.42

'Sweet Home' 글자가 스티치 모양으로 프린트된 원단 위에 실제 자수를 놓아 손맛 더해진 티코지를 만들었다. 지난해에 이어 두 번째 자두나무 아래 소풍을 계획하고 그녀들을 위한 티테이블을 준비한다. 따뜻하게 우려낸 홍차, 티포트를 포근하게 감싸주는 티코지로 인해 더욱 향기로운 티타임이 될 것 같다.

도예가 남편의 선물, 조약돌 티포트

홍차를 즐기기 시작한 아내를 위해 꽁지 씨가 깜짝 선물을 준비했다. 세상에 하나뿐인 티포트! 조약돌을 얹은 티포트 뚜껑이 매력적이다. 가족 혹은 친구들과 따뜻한 마음을 홍차로 나누며, 그 마음 식지 않도록 티코지를 만들어 보았다.

티코지란?

티코지Tea Cozy는 차를 우려내는 동안 티포트의 온도를 유지해 주기 위해 천으로 만든 보온용 덮개이다. 천 안감에 오리털이나 솜을 넣고 퀼팅해서 만든다. 1860년대 영국에서 유래가 된 티코지는 전체 자수를 놓거나 화려한 구슬로 장식해 사용할 정도로 홍차를 즐기는 사람들에겐 필수품이자 매력적인 액세서리이다.

한 해의 각오를 다지는 행사,
다이어리 커버 만들기 how to make p.43

어렸을 적 새 학년 새 학기가 시작할 때, 새 책이 닳지 않도록 비닐 커버를 만들어 씌웠던 기억이 난다. 가게를 꾸리면서 매년 쓰게 되는 다이어리에 천으로 커버를 만들어 씌우면서 올 한 해 재미있고 즐겁게 살기 위한 각오를 다지곤 했다. 늘어난 햇수만큼의 다이어리…. 쌓아 두니 왠지 열심히 산 것 같은 뿌듯함에 스스로 대견하다 토닥여주고 싶다.

01 콜라주 원단과 다양한 레이스를 활용해 스크랩북 스타일로 만들어 본 2014년 다이어리 커버이다.
02 피드색 원단으로 조각조각 이어서 만든 다이어리 커버. 이 커버는 다음 해까지 썼는데 다이어리 크기가 커져서 뒷부분에 천을 덧대어 늘려 썼다.
03-04 퀼트용 잔꽃무늬 원단을 이용해 같은 디자인이면서도 다른 느낌으로 만들어 썼던 커버들이다.
05 북유럽 패턴의 원단과 귀여운 소품 일러스트 원단이 예뻐서 아플리케도 하고, 퀼팅도 해서 만든 다이어리 커버이다.
06 2011년 딸과 함께 떠난 오사카 여행의 기록을 남길 수 있도록 여행가기 며칠 전에 만들어 준 여행 노트 커버이다. 여행의 설렘을 담아 해랑이가 직접 자투리 천으로 비행기도 만들어 붙이고, 패브릭 펜으로 '해랑씨의 오사카 여행 노트'라며 글씨도 썼다. 지금은 인도 여행까지 담아 여행 노트로 계속 쓰고 있는 중이다.

빈티지 퀼터와의 조우

미국의 어느 단아한 부인의 손에서 꿰매졌을까? 긴 세월 고스란히 백발로 내려 앉은 할머니, 시집갈 손녀를 위해 틈날 때마다 조금씩 바느질하셨을까? 그런 물건들이 어쩌다 바다 건너 이국 땅에 사는 나의 손에 쥐어졌을까? 시접 그대로 남은 퀼트 탑(퀼팅을 위한 겉 천)은 마치 나에게 마무리를 맡긴다는 듯 이야기를 건넨다.

빈티지 핸드메이드 콜라보레이션

본시 꼼꼼함과는 거리가 먼 나는 바느질에서도 성격이 그대로 드러난다. 빈티지 퀼트 탑과 퀼트 블록을 꺼내 놓고 내 느낌대로 설렁설렁 시접을 접어 박는다. 혹은 시접 그대로를 살려 블랭킷 스티치를 이용해 적당한 바탕 천에 붙여 주고, 모양대로 올록볼록 퀼팅해서 하나는 스툴 커버로, 하나는 쿠션 커버로, 또 하나는 외출용 파우치로 재탄생시켜 준다. 알록달록 촌스러운 듯하지만 요즘 천에서 가질 수 없는 빈티지스러운 색감과 꼼꼼하게 꿰매진 예쁜 바늘땀의 미완성 조각이 나만의 모양내기와 만나 하나의 완성된 작품으로 만들어지는 순간이다. 지금은 고인이 되었거나 백발의 할머니가 되었을 이름 모를 그녀에게 '당신이 만들고 있던 것이 이렇게 완성되었다'며 예쁘게 사진 찍고 편지라도 써서 보내 주고 싶어진다.

당신이 가진 수십 년의 오래된 이야기 위에 나의 일상이 살포시 포개어졌다.
바느질이라는 매개체로 엮어 낸 우리들의 멋진 콜라보레이션이다.

01 빈티지 퀼트 블록(할머니의 정원)으로 만든 스툴 커버
02 빈티지 드레스덴을 연결해서 만든 쿠션
03 빈티지 드레스덴 한 조각으로 만든 클러치백 how to make p.44

거친 마력, 헴프색 가방

헴프색Hemp Sack은 아주 거친 대마에 시원한 블루라인 몇 줄, 거기에 알파벳 이니셜을 십자수 기법으로 수놓은 옛날 프랑스 또는 유럽의 곡물 보관 자루다. 농장마다 수확해 담은 자신들의 곡물을 분류하기 위해 모노그램과 약간의 수로 패턴을 달리 하였다는데 아니 무슨 곡물 자루에 이리 정성을 쏟았을까? 옛날 프랑스 사람들은 멋에 살고, 멋에 죽었나 보다. 한낱 곡물 자루였으나 그 정성과 거친 리넨의 매력을 알아보는 사람들로 인해 오늘날엔 귀한 대접을 받는 헴프색은 요즘엔 인터넷으로 고가에 판매가 되기도 한다. 나에게는 몇 년 전 친한 언니가 어렵게 구해 선물로 주었던 헴프색이 있었는데, 그냥 두어도 예쁘지만 좀 더 의미를 부여해 주고 싶어 헴프색을 이용한 큰 가방을 만들어 들고 다녔다. 귀하다고 옷장에만 넣어 두면 있는지도 모르니깐 말이다.

그렇게 몇 년을 쓰다가 조금 더 재미가 더해진 바느질이 하고 싶어졌다. 길이가 워낙 길었던 지라 그냥 접힌 부분이 아깝기도 했다. 먼저 낡은 가죽 손잡이를 떼어 내고 헴프 리넨의 조각도 다시 잘랐다. 헴프색의 포인트인 수놓아진 부분부터 잘 살려 내고, 블루라인을 따라 긴 것과 짧은 것으로 크기를 달리해서 잘라냈다. 거기에 갖고 있던 다른 리넨 조각과 아끼던 리넨 티 타월도 내어 놓았다. 긴 테이블 위에 쫙 펼쳐 놓고, 요리조리 대어 보고, 괜찮다 싶을 때 시침핀으로 고정해서 재봉틀로 박아 전혀 다른 느낌의 새로운 가방을 탄생시켰다.

Before

After

대마로 짜여진 것이라 어찌나 거칠고 두꺼운지 바늘이 몇 개나 부러졌다. 재봉틀로 안되는 건 손바느질까지 해가며, 그렇게 역사에 역사를 더하고 재탄생에 또 재탄생된 나만의 빈티지 헴프색 가방이다.

좋아해, 가방
i like handmade bag

01 레트로한 느낌의 꽃무늬 천을 퀼팅하고, 빈티지 크리놀린을 덮개로 활용한 숄더백

02 누빔 천으로 심플하게 만들었던 가방에 빈티지 자수보와 피드색을 손퀼팅으로 이어 덮개로 달아 주니 밋밋했던 가방에 생기가 더해졌다.

03 일본영화 [달팽이식당] 속의 여주인공 가방에 반해서 그날 밤 뚝딱 만든 가방으로 여주인공의 이름을 딴 '링고의 크로스백'이다.

04 지갑이나 스마트폰을 넣어 간단히 외출하기 좋은 크로스백, 끈을 안으로 넣고 클러치백으로 들기에도 좋다.

05 프렌치 스타일의 리넨에 낡은 가죽 조각을 덮개로 사용하고, 안쪽엔 빈티지 도일리를 붙여서 만든 심플 크로스백(좌). 같은 디자인에 고양이 모양의 빈티지 자수천을 덮개로 사용했다(우). 간단하면서도 매력 있는 가방의 탄생이다. how to make p.45

06 나의 애장품 DSLR 카메라를 위해 만든 가방은 여행갈 때 꼭 챙겨 간다.

07 손잡이가 멋스러운 밀짚 가방에 헴프 리넨을 덧붙여 만든 피크닉 가방

08 '엄마의 청춘 가방(p.19)'에 사용한 것으로 못 입게 된 울 재킷 원단을 패치해서 만든 가방이다. 낡은 가죽 손잡이를 달아 주니 멋스럽다.

with me, 함께 산책할래요?
제주, 위미…
how to make p.46

제주 서귀포 바닷가 작은 마을 위미리, 영화 [건축학개론]의 카페 '서연의 집'이 있는 마을이다. 그곳에 가정집 여관을 낸 루시의 집에 잠시 들렀다.
제주 여행을 준비하며 밤새 뚝딱 만들었던 큰 꽃무늬의 가방. 벽에 걸어 둔 가방이 '어서, 산책 나가자'며 말을 걸어오는 듯하다.
가벼운 가방 하나 들고, 언제든 산책 나가고 싶은 동네… 제주, 위미

HOW TO MAKE

엄마의 청춘 가방 p.19

재료 **겉감용** 작아진 옷들
　　　안감용 프린트 천 또는 무지 천
　　　부자재 구슬 라운드 프레임, 크로스 가죽끈

완성 크기 35×25㎝

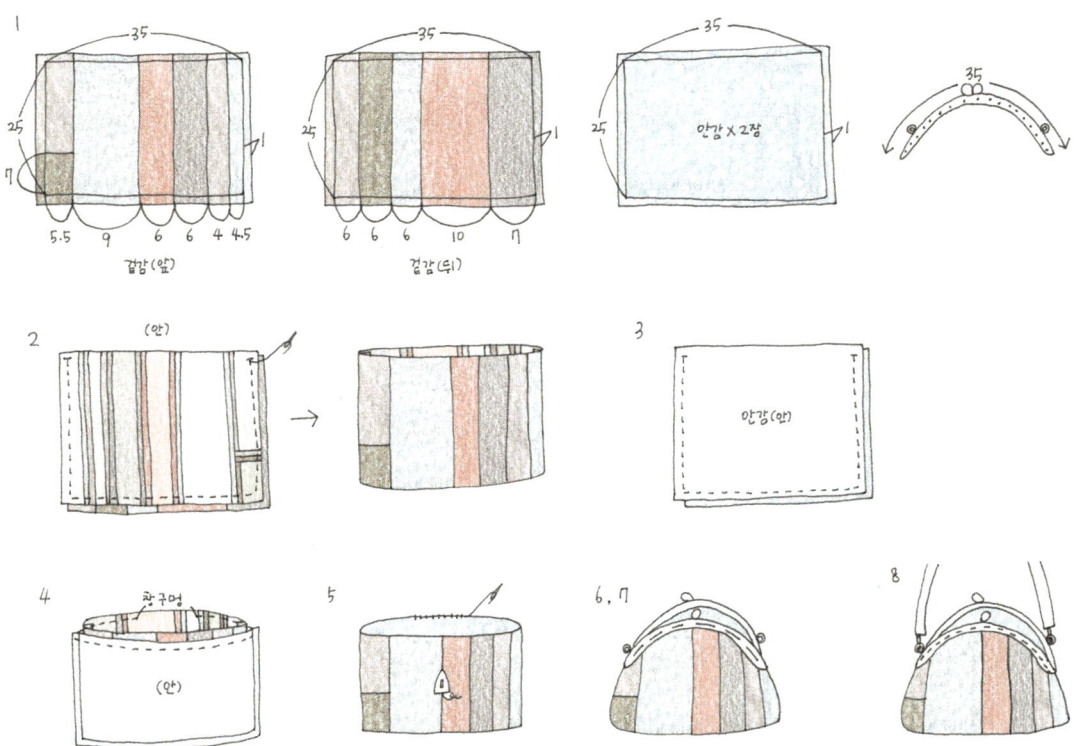

1. 겉감용 조각 천을 연결해 완성크기 35×25㎝에서 사방 시접 1㎝씩 남긴 크기로 앞, 뒤 2장 준비하고, 안감용도 같은 사이즈로 2장 준비한다.
   * 갖고 있는 프레임의 크기에 맞게 준비한다. 프레임의 위쪽에서 둘레를 잰 길이가 가로사이즈가 된다.
2. 1의 겉감용 천 2장을 겉면이 서로 마주보게 한 뒤 윗면을 제외한 3면을 박고, 뒤집어 준다.
3. 안감용 천 2장도 같은 방법으로 박아 준다.
4. 3의 안감용 안으로 2의 겉감을 끼워 겉과 겉이 마주하게 한 뒤 윗면에 창구멍을 남기고 박아 준다.
5. 창구멍을 통해 뒤집은 뒤, 창구멍은 공그르기로 막아 주고 모양을 정리해 다림질해 준다.
6. 가방 천의 윗면 중앙에 프레임을 위치시킨 후 프레임의 홈으로 천을 끼운 후 시침질로 미리 고정해 준다.
7. 프레임의 바늘 구멍을 따라 꼼꼼하게 박음질해 준다.
8. 프레임의 끈 고리에 크로스 가죽끈을 달아 준다.

HOW TO MAKE

세월에 덧붙여진 블랭킷 p.22

재료 **앞면용** 버리기 아까운 아이들의 작아진 옷과 자투리 천
뒷면용 리넨 천
부자재 퀼팅 솜

완성 크기 130×105㎝

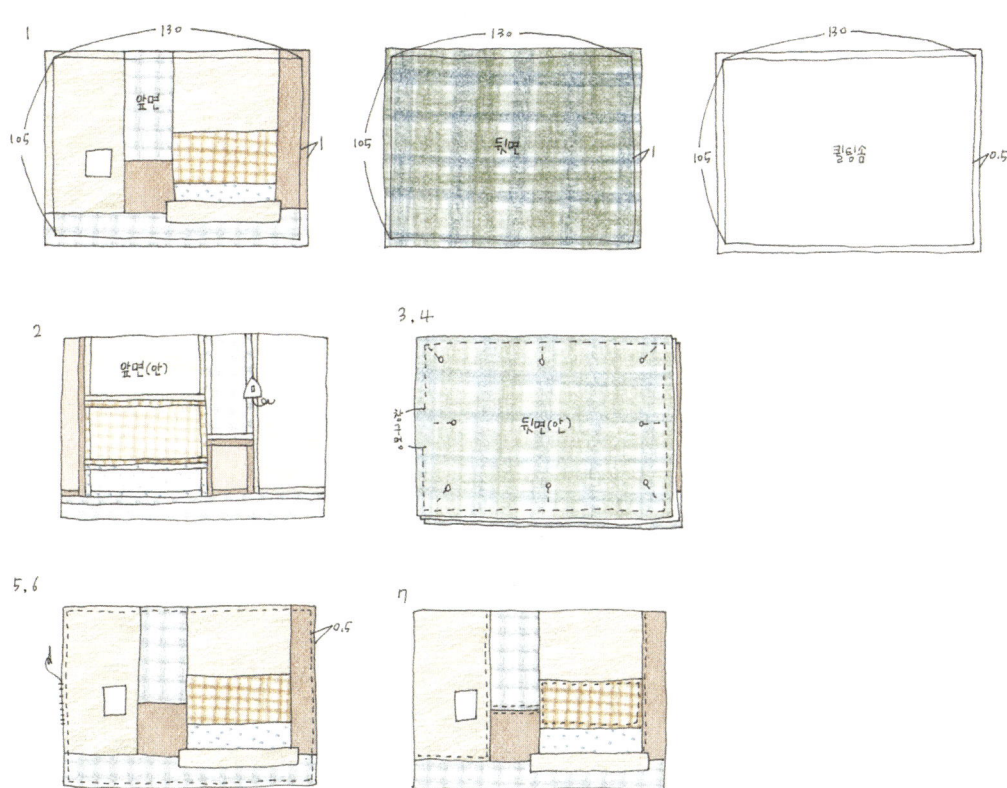

1. 앞면용 조각 천을 연결해 완성크기 130×105㎝에서 사방 시접 1㎝씩 남긴 크기로 준비한다. (똑같은 크기로 똑같이 박아 주는 것보다는 일부러 비뚤비뚤하게 잇기도 하고, 겉에서 덧박기도 해서 원하는 크기의 앞면을 완성한다.)
2. 1의 연결 시접을 가름솔로 다림질해서 정리해 준다.
3. 조각보로 연결된 앞면의 겉과 뒷면의 겉면이 마주보게 대어 놓고, 그 위에 재단된 퀼팅 솜을 올려 3장을 모두 시침핀으로 고정한다.
4. 완성선을 따라 10~15㎝ 정도의 창구멍만 남기고 사방 박아 준다.
5. 창구멍으로 뒤집어 모서리 모양을 정리한 후 창구멍은 공그르기로 막아 준다.
6. 블랭킷의 가장자리를 따라 겉에서 한 번 더 상침한다.
7. 이어 붙여진 조각을 따라 손 느낌 나게 부분부분 퀼팅해 준다.

HOW TO MAKE

살림을 낭만적이게 만들어 주는 주문, 행주치마 p.24

재료 **겉감용** 한 마 정도의 프린트 천
부자재 리넨 테이프 끈 60㎝ 2장, 약간의 레이스, 빈티지 자수천

완성 크기 50×48㎝

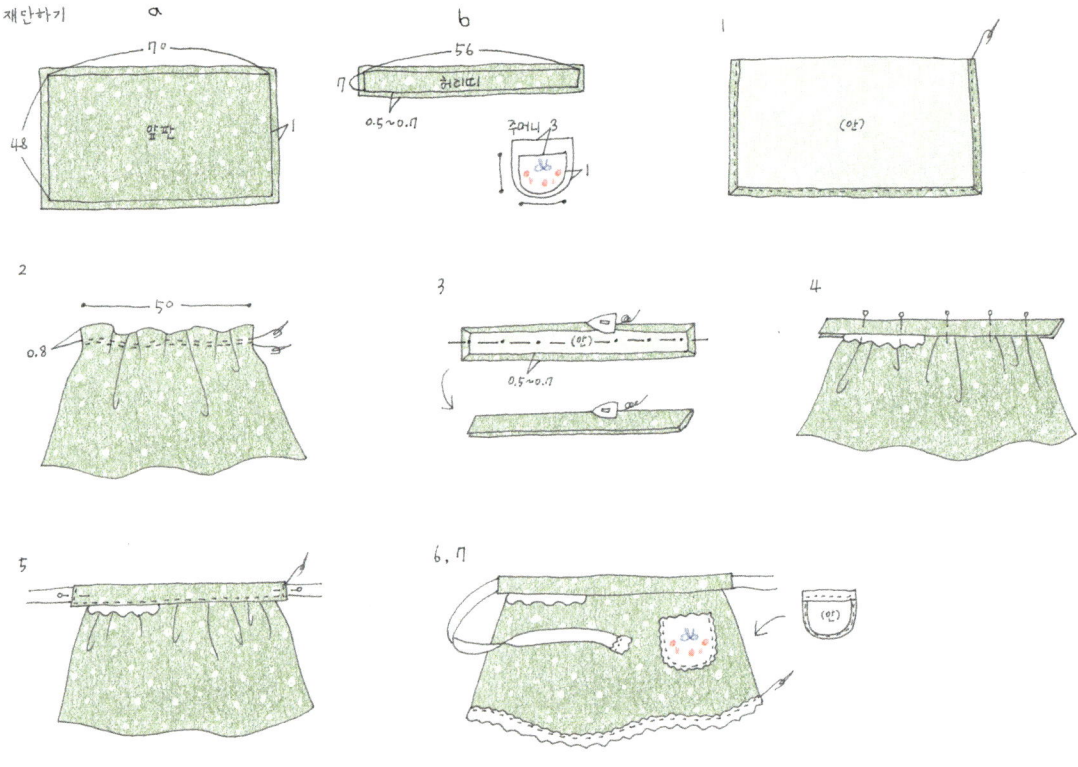

1 a의 윗면을 제외한 3면의 시접을 1㎝씩 두 번 접어 박는다.
2 윗부분의 너비가 50㎝ 정도가 되도록 두 줄로 홈질해 주름을 잡아 준다.
3 b의 사방 0.5~0.7㎝ 시접을 안쪽으로 접고, 다시 가로로 길게 반을 접어 다림질해 둔다.
4 주름 잡아 둔 앞부분 천의 윗단에 3의 허리띠 부분을 끼워 시침핀으로 고정해 준다. (적당한 자리에 장식 레이스를 덧끼워 장식해도 된다.)
5 4의 허리띠 좌, 우 끝에 허리끈이 될 리넨 테이프를 끼우고, 허리띠와 허리끈 앞치마가 연결되도록 끝에서부터 한번에 박아 준다.
6 빈티지 자수천을 주머니 모양으로 만든 후, 적당한 위치에 겉에서 박음해 달아 준다. (자수천이 없는 경우는 일반 리넨이나 프린트 천을 이용해 주머니를 만들어 준다.)
7 허리띠의 끝 부분과 앞치마 밑단에 토션레이스를 달아 덧장식해 준다.

HOW TO MAKE

커피 자루 에코백 p.26

재료 **겉감용** 커피 자루
　　 안감용 라미네이팅 원단
　　 부자재 면 웨이빙 끈

완성 크기 50×48㎝(폭 20㎝)

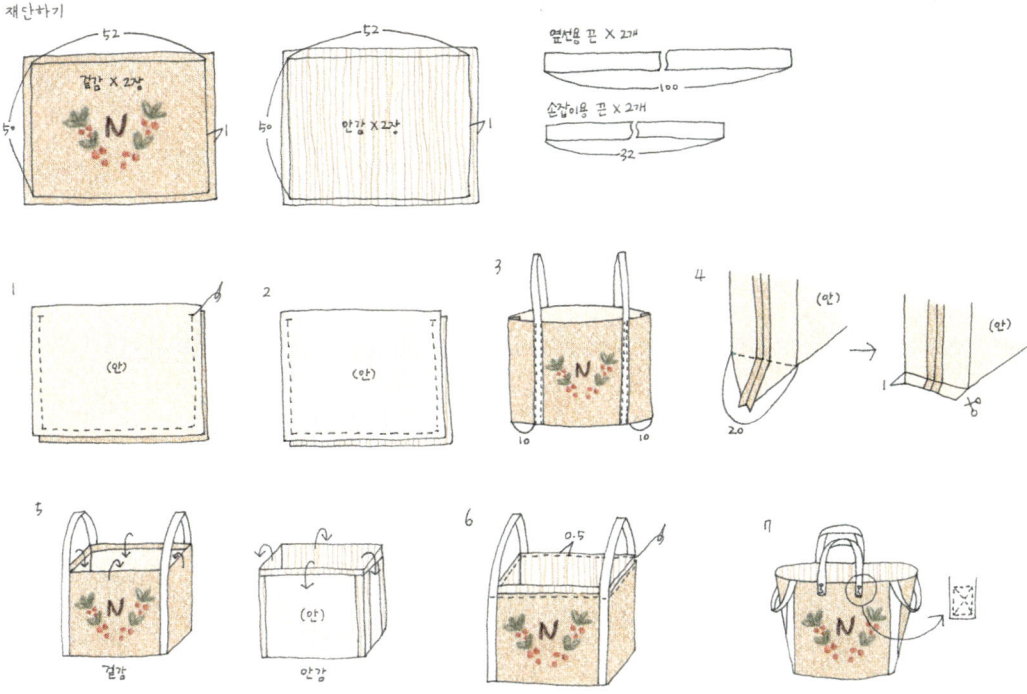

1. 겉감의 커피 자루 2장을 겉면이 서로 마주보게 한 뒤, 윗부분을 제외한 3면을 1㎝ 시접을 남겨 두고 박는다.
2. 안감용 라미네이팅 원단도 같은 방법으로 박아 준다.
3. 옆선용 웨이빙 끈을 1의 겉에서 좌, 우 10㎝ 떨어진 곳에 양쪽 하나씩 둘러 박아 준다.
4. 바닥 만들기 3의 겉감 옆면을 20㎝ 너비의 삼각형이 되게 펼쳐 완성선을 표시해 튼튼하게 박고, 1㎝ 시접만 남기고 잘라 낸다. 2의 안감용 라미네이팅 원단도 같은 방법으로 바닥을 만들어 준다.
5. 커피 자루 겉면이 밖으로 오도록 뒤집은 뒤, 안감용 안으로 집어넣어 겉과 같이 마주보게 모양을 잡아 준다.
6. 겉감과 안감의 윗면 시접을 모두 안쪽으로 접어 넣은 후, 커피 자루의 겉에서 입구 둘레를 상침해 박아 준다.
7. 앞부분 손잡이가 될 웨이빙 끈을 입구의 가운데에 위치시키고 겉에서 튼튼하게 달아 준다.

잠깐!
커피 자루는 커피 특유의 산화된 냄새가 베여 있어 한 번 세탁 후에 사용하는 것이 좋은데, 커피 자루의 프린트는 어떤 것은 스탬핑에 가까워서 무조건 세탁기에 돌리면 안된다. 상태에 따라 먼지 정도만 털거나 오염도가 심하다면 가볍게 손세탁을 하는 것이 좋다. 세탁 후 문양이 흐려지고 줄어들기도 한다는 점에 주의한다.

HOW TO MAKE

크로스 스티치 장식을 한 티코지 p.28

재료 **겉감용** 십자수 프린트 리넨 1/4마, 프린트 리넨 1/4마
안감용 무지 또는 프린트 리넨 1/4마
부자재 접착솜, 십자수 실

완성 크기 30×28㎝

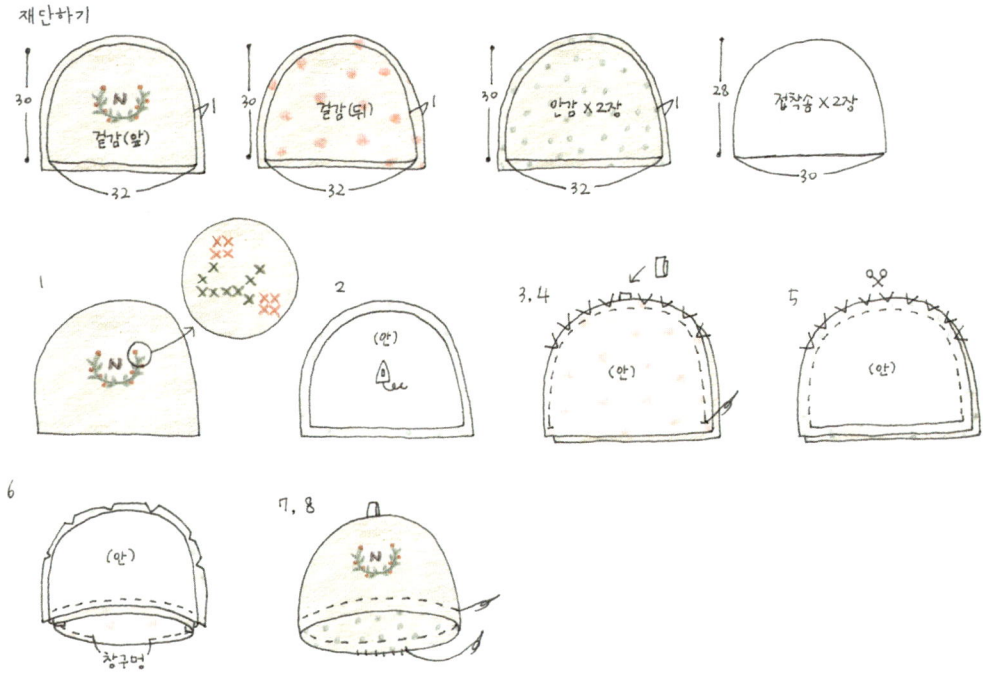

재단하기 두꺼운 종이를 이용해 곡선 모양의 티포트 도안을 만들고, 도안을 이용해 겉감용 2장, 안감용 2장, 접착솜 1장을 재단한다. (개인이 갖고 있는 티포트의 크기에 맞춰 도안을 만든다.)

1 **스티치하기** 앞면용 십자수 프린트 리넨의 스티치 모양을 따라 실제 크로스 스티치를 한다.
2 안감용 2장의 안쪽 면에 재단한 접착솜을 다림질을 이용해 붙인다.
3 면테이프를 이용한 고리나 별도 고리를 만들어 겉감용 2장을 겉끼리 맞대어 놓고 중앙에 고리를 반으로 접어 끼워 준다.
4 아랫부분을 제외한 3면을 박음질한 뒤, 곡선부분에 가위집을 준 뒤 뒤집어 준다.
5 안감용의 앞, 뒷면도 5와 같은 방법으로 박음질한다.
6 겉면의 겉과 안감의 겉이 마주보게 끼워 넣은 다음, 5㎝ 정도의 창구멍을 남기고 입구를 박는다.
7 창구멍으로 뒤집어 곡선의 모양을 잡아준 후 창구멍은 공그르기로 막아 준다.
8 아랫부분 둘레를 십자수 실을 이용해 스티치 장식하듯 한 번 더 상침해 준다.

* 스티치 프린트 원단이 없다면, 본문 '티피 텐트 장식 플래그(p.79)' 또는 '크리놀린 레이디(p.83)'에 실린 꽃 도안을 이용해서 직접 자수를 놓아 만들어도 좋겠다.

HOW TO MAKE

다이어리 커버 기본 만들기 p.30

재료 **겉감용** 북유럽 패턴의 프린트 천, 무지 리넨 천, 소품 일러스트 컷트지
포켓용 프린트 천
안감용 무지 리넨 천
부자재 접착심, 단추, 가죽끈, 장식 라벨

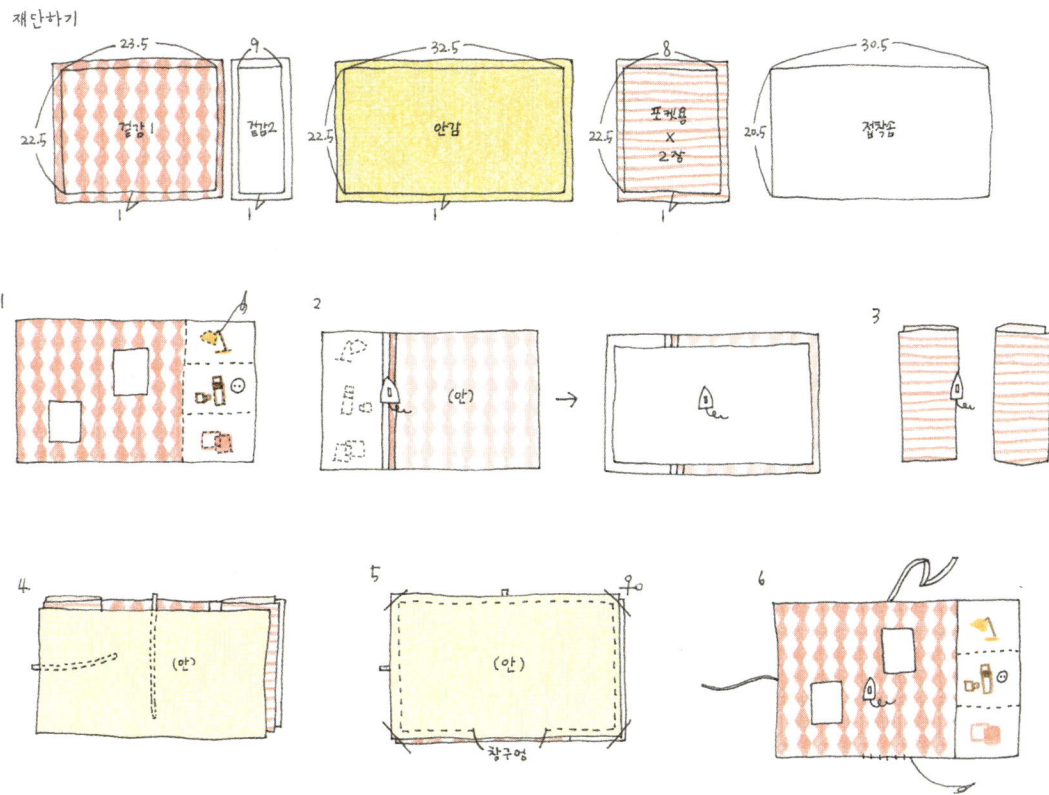

1. 재단해 둔 북유럽 패턴의 프린트 천과 무지 리넨 천을 적당한 크기로 패치해 연결한다. 소품이 그려진 일러스트 컷트지에서 원하는 그림을 잘라 아플리케 방식으로 붙여준다. 장식 라벨도 원하는 위치에 미리 달아주고, 앞면 가운데에 고리를 걸 단추를 달아 겉감용 천을 완성해 둔다.
2. 패치한 뒷면의 시접은 가름솔로 다림질해 주고, 그 위에 접착솜을 대고 다림질해 붙여 준다.
3. 여밈용 포켓이 될 원단을 각각 반으로 접어 다림질한다.
4. 패치된 겉감을 접착솜이 아래로, 겉면이 위로 보게 펼쳐 두고, 그 위로 앞, 뒤 여밈용 포켓을 좌, 우 양쪽 끝선에 맞춰 포개어 놓는다. 고리가 될 가죽끈을 오른쪽 끝에 끼워 놓고, 그 위에 안감의 겉을 맞대고 얹는다.
5. 아랫부분 한쪽에 5~7㎝ 정도의 창구멍을 남기고, 완성선을 따라 박는다.
6. 네 모서리 끝을 사선으로 잘라 낸 다음 창구멍으로 뒤집은 뒤 다림질해 정리해 준다.

HOW TO MAKE

빈티지 드레스덴 한 조각으로 만든 클러치백 p.33

재료 **겉감용** 빈티지 드레스덴 한 조각, 카키색 무지 리넨 천
　　　안감용 무지 리넨 천
　　　부자재 퀼팅 솜, 가죽끈 손잡이, 지퍼, 가죽 라벨

완성 크기 27×17㎝

1 **빈티지 드레스덴 고정하기**
　　a. 빈티지 드레스덴 한 조각을 준비하고, 드레스덴의 모양보다 0.5㎝ 작은 크기로 얇은 퀼팅 솜을 재단한다.
　　b. 겉면이 될 카키색 리넨의 중앙에 재단한 퀼팅 솜과 드레스덴을 차례로 대고, 시침핀으로 고정한다.
　　c. 퀼팅 솜이 들어가 볼록한 모양이 되도록 모양따라 퀼팅해 준다.
　　d. 가장자리는 블랭킷 스티치를 이용해 고정해 준다.
2 안감의 안쪽 면에 재단한 접착솜을 다림질을 이용해 붙인다.
　　주머니 만들기 윗면을 제외한 3면의 시접을 접어서 박고, 윗면은 1㎝씩 두 번 접어 박는다.
3 2의 겉면용 윗부분 양끝에 지퍼를 박음질해 달아 준다.
4 겉면이 안쪽으로 마주보게 반으로 접은 뒤 지퍼의 아랫쪽 옆면에 손잡이용 고리를 만들어 끼운 뒤 양옆을 박아 준다.
5 안감용 천도 반을 접고 양옆을 박은 뒤 뒤집는다.
6 겉면의 안쪽으로 안감을 끼워 넣은 후 윗면의 시접을 접어 입구의 지퍼선을 따라 공그르기로 깔끔하게 연결해 준다.
7 가죽라벨이나 레이스로 덧장식해 준다.

HOW TO MAKE

심플 크로스백 p.35

재료 **겉감용** 라인이 들어간 프렌치 스타일 리넨, 빈티지 자수보
안감용 프린트 천
부자재 가는 웨이빙 끈

완성 크기 25×30㎝

1. 겉감용 원단이 겉끼리 마주보게 반을 접은 뒤, 1㎝ 시접을 남기고 양옆선을 박아 준다.
2. 안감용도 같은 방법으로 박되, 창구멍을 남기고 박아 준다.
3. 2의 안감용 안으로 2의 겉감을 끼워 겉과 겉이 마주하게 한 뒤 윗면의 둘레를 박아 준다.
4. 안감의 창구멍을 통해 뒤집은 뒤, 창구멍은 공그르기로 막아 준다.
5. 덮개 만들기 b의 자수보의 3면의 올을 적당히 풀어 모양을 내어 주고, 윗부분은 1㎝씩 두 번 접어 말아 박는다.
6. 5의 덮개를 가방의 뒤쪽에서 앞으로 오도록 덧달아 준다.
7. 어깨에 멜 수 있는 적당한 길이의 웨이빙 끈을 잘라 양옆에 상침해 달아 준다.

HOW TO MAKE

제주 산책 가방 p.36

재료 **겉감용** 핑크 무지 리넨, 큰 꽃무늬 원단
    안감용 프린트 천
    부자재 가죽끈, 리벳, 라벨, 레이스 모티브, 접착심

완성 크기 38×45㎝

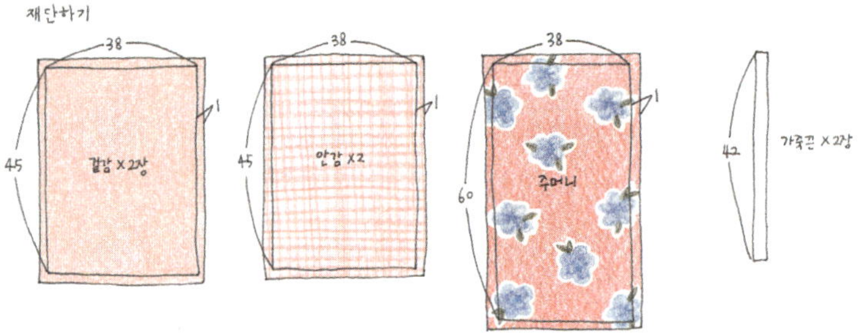

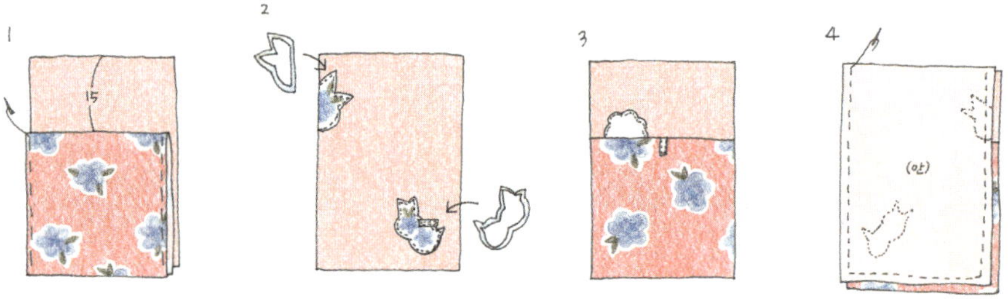

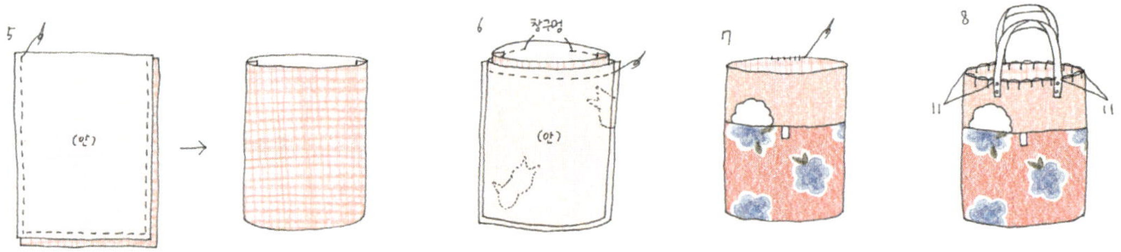

1. 겉감용 핑크 무지 원단 앞판에 반(38×30㎝)으로 접어 둔 주머니용 원단을 위에서 8㎝ 내려온 곳에 시침해 둔다.
2. 아플리케로 붙여 줄 큰 꽃무늬 원단의 꽃을 오려 뒷면에 접착심지를 붙여 준다. 겉감용 뒷판 적당한 위치에 박음질로 박아 준다.
3. 레이스 모티브는 앞판 주머니의 꽃무늬와 연결되게 바느질하고, 상침 스티치해 준다.
4. 1의 위에 겉감용 뒷판의 겉면이 마주하게 올린 뒤, 윗면을 제외한 3면을 박아 준다.
5. 안감용 2장도 같은 방법으로 박은 뒤 뒤집어 준다.
6. 겉면이 서로 마주하도록 4의 안으로 5를 넣은 뒤 창구멍을 남기고 박아 준다.
7. 창구멍을 통해 뒤집은 뒤 창구멍은 공그르기로 막아 주고, 입구는 십자수 실로 블랭킷 스티치해 준다.
8. 송곳으로 5㎝ 내려온 곳에서 가방 손잡이 구멍을 뚫어준 뒤, 리벳을 2㎝ 간격으로 두 개씩 박아 준다.

취미의 발견

둘

KNITTING

또 하나의 재미난 즐길거리 | 뜨 개

새롭게 흥미를 갖게 되는 취미가 하나, 둘 생길 때마다 즐겁기도 하지만 늘어나는 살림살이에 이고지고 살아야 하나 한숨짓기도 한다. 더 이상 취미생활로 인한 살림살이를 늘리지 않겠다고 다짐까지 했으니… 그중 일부러 모른척한 것이 뜨개질! 첫아이 태랑군을 가졌을 때 친구도 만날 겸 몇 달 뜨개방을 다니기도 했지만 말이다. 사실 다시 시작해 보려니 어려워 보이기도 했고, 또 한 번 빠지면 헤어나기 힘든 취미다 싶었다. 그러면서 주위 분들이 뜨개질로 멋진 작품을 만들 때 언젠가 '하고 싶어질 때'를 위해서 코바늘 기초책 한 권을 사 두었는데, 배우지 않겠다면서 이 철저한 준비성은 뭘까?
아무튼 그렇게 애써 뜨개를 외면하던 어느 해 여름, 난데없이 해랑이가 여름방학 과제물로 뜨개질을 배워 제출하고 싶다는 거다. 맹모(孟母)도 아니면서 갑자기 의욕이 불끈! 그렇게 해랑이의 과제를 위해 모녀가 함께 코바늘 기초책을 펼쳐 들었다. 아주 오래전 손이 기억하고 있었던 것과 책 속의 무슨 암호 같은 도안 보기를 어렵게 연결 짓고 보니 조그만 모티브 하나가 완성되었다. 그렇게 시작된 뜨개는 더듬더듬 한 글자 한 글자씩 읽던 아이가 한글을 깨치듯 놀라운 속도로 재미가 붙기 시작했다. 이거 시작이 무섭지 시작하고 보니 또 하나의 놀랍고 재미난 '즐길거리'가 생겨나고 말았다.

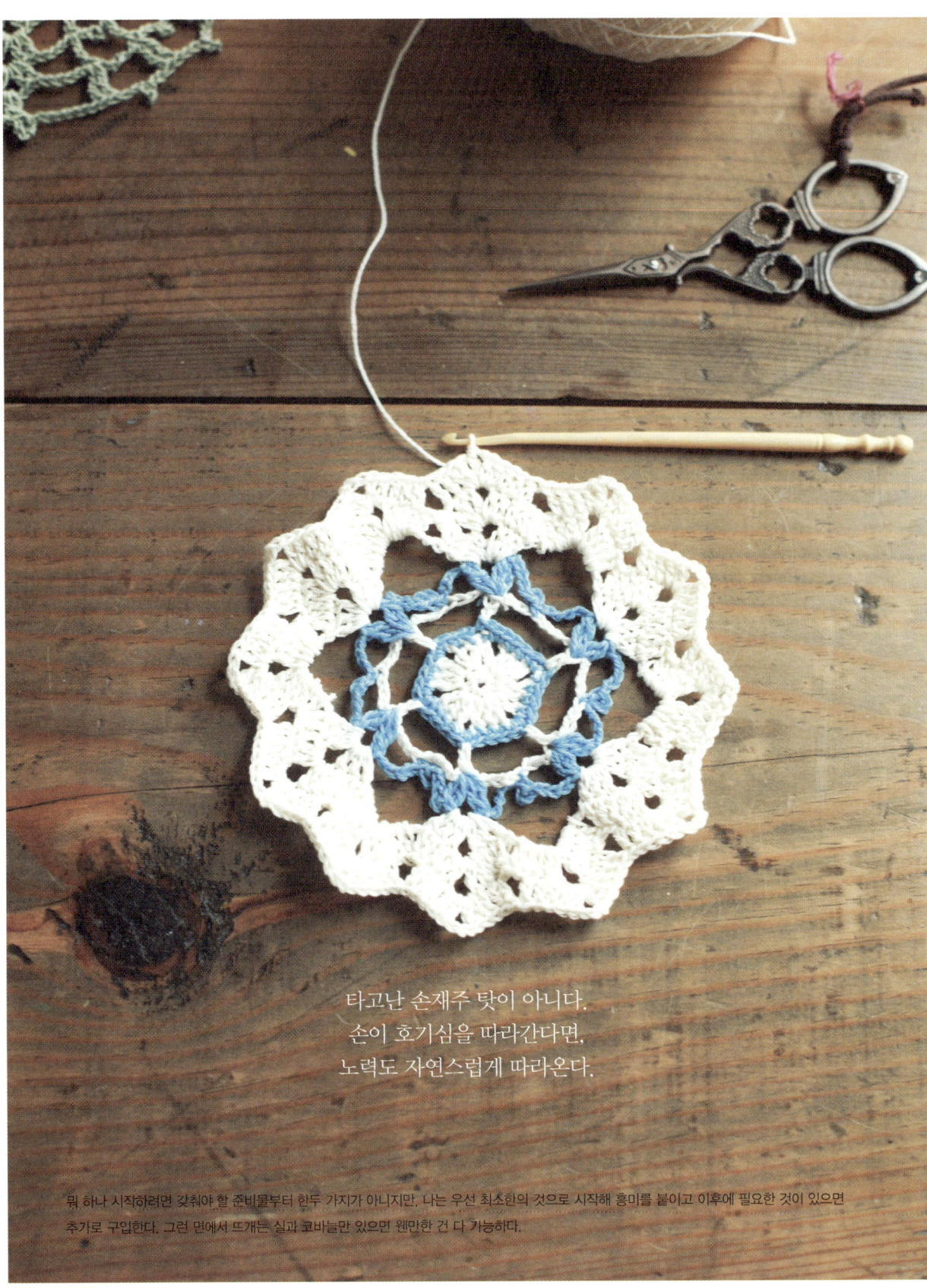

타고난 손재주 탓이 아니다.
손이 호기심을 따라간다면,
노력도 자연스럽게 따라온다.

뭐 하나 시작하려면 갖춰야 할 준비물부터 한두 가지가 아니지만, 나는 우선 최소한의 것으로 시작해 흥미를 붙이고 이후에 필요한 것이 있으면 추가로 구입한다. 그런 면에서 뜨개는 실과 코바늘만 있으면 웬만한 건 다 가능하다.

손뜨개에 필요한 기본 도구

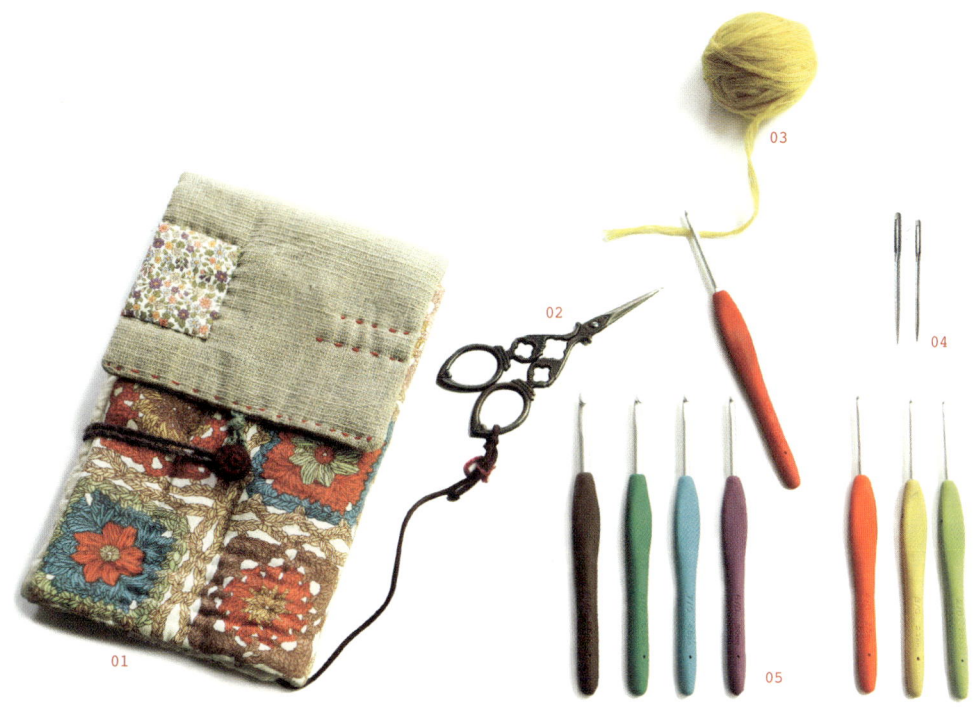

01 **코바늘 케이스** 핸드메이더라면 아무래도 직접 만든 바늘집은 기본이겠지 싶어 본격적인 뜨개에 앞서 바늘집부터 만들었다. 종류별로 넣어 두면 사용하기에도 편하고 보기에도 좋다.
02 **가위** 실을 자르거나 정리할 때 사용되며, 쪽가위나 작은 가위를 사용한다.
03 **뜨개실** 울, 면, 리넨, 아크릴 등 소재에 따라 다양하며, 굵기 또한 소재별, 제조사별 다양한 실이 있다. 초보자들에겐 너무 가는 실보다는 약간의 두께가 있는 것이 사용하기에 편하다. 나는 주로 블랭킷이나 따뜻한 느낌의 소품을 뜰 때는 램스울을 사용하고, 레이스 같은 도일리를 뜰 때는 구정실이라 일컫는 타조실을 사용한다. 램스울은 어린 양의 털로 만든 실로 일반 울보다 부드럽고 포근한 것이 특징이며, 색상 또한 빈티지한 느낌의 다양한 컬러가 있다.
04 **돗바늘** 모티브를 연결할 때나 작품 마무리 단계에서 사용한다. 실의 굵기에 따라 바늘의 굵기도 다르다.
05 **코바늘** 모사용 바늘과 레이스용 바늘이 있다. 모사용 바늘이 레이스용 바늘보다 조금 굵고 잡기도 편해서 일반인들이 도일리나 모티브, 블랭킷과 같은 소품 뜨개시 모사용 바늘을 많이 사용한다. 모사용 바늘은 호수의 숫자가 클수록 바늘의 굵기가 굵고, 레이스용 바늘은 호수가 클수록 바늘이 가늘다. (사진엔 크로바 모사용 코바늘로 왼쪽부터 10/0, 8/0, 7/0, 6/0, 5/0, 4/0, 3/0, 2/0)

레이스의 시간

지인에게서 가끔 레이스 실로 뜬 크로셰 도일리를 선물 받으면 '이렇게 가는 실로 어쩜 이런 복잡한 패턴의 꽃을 떴을까?' 싶은 한마디로 놀랄 노자의 작품들이었다. 레이스 뜨개는 나는 아예 못 뜨는 것. 머리 좋고, 손재주가 아주 좋은 사람만이 뜰 수 있는 것이라 나름 단정까지 지어 놓았다. 덕분에 나는 귀한 걸 선물 받은 억세게 운 좋은 아줌마라는 생각까지 하면서 말이다. 그러던 어느 날, 크로셰 도일리는 그냥 아무 데나 아무렇게 놓아만 두어도 장식 효과를 내는 멋진 아이템이라는 생각이 들면서 문득 나도 떠보고 싶다는 생각이 들었다. 한번 빠지면 자연스럽게 찾아온다는 그 'feel'이 내게도 오고야 만 것이다.

크로셰 도일리 Crocher Doily

코바늘 뜨기를 뜻하는 프랑스어 크로셰Crocher와 음료를 제공할 때 밑에 받치는 받침을 의미하는 도일리Doily, 즉 코바늘 뜨개로 뜬 원형이나 사각 모양의 레이스 받침을 의미한다.

누구에게나 초보의 시절은 있다.

어려운 책이라며 책꽂이에 꽂아 두었던 레이스 뜨개책을 꺼내 펼쳐 놓고 한 단 한 단 떠보았다. 뜨다가 어딘가 이상하다 싶음 어김없이 틀렸다. '에라 모르겠다' 계속 떴더니 더 엉망이다. 할 수 없이 다시 풀었다. 이번엔 연필로 한 단 한 단 표시해 가며 찬찬히 떠보았다. 떴다 풀었다를 반복하며, 여러 번의 시행착오 끝에 선물 받은 작품들에 비해 쉬운 패턴이긴 하지만 결국은 해내고야 말았다. '어라, 이거 성취감 짱이다!' 자신감이 붙기 시작하니 책을 보고 따라 뜨는 것도 좋지만, 빈티지 도일리를 직접 떠보고 싶은 욕심이 생겼다. 아주 오래전 누군가의 작품이 도안화가 되어 내가 뜰 수 있게 되다니 신기한 일이지 않은가? 그 매력에 틈만 나면 빈티지 도일리를 들여다보며 도안화시키는 작업을 해 보게 되었다. 틀린 부분이 있음 고치고 다시 그리기를 수없이 반복했다. 힘들다기보다는 참으로 흥미롭고 재미난 일이었다.

01 색상, 크기, 모양을 달리해서 테이블 위에 무심한 듯 던져두니 자체가 꽃이고 그림이다.
02 햇살이 들락날락할 때 마루에 긴 그림자를 드리운 레이스의 시간을 포착했다.
03 크로셰 도일리는 화병 받침으로, 컵 받침으로, 각종 받침으로 장식 겸 사용하기에 제격이다.
04 무작정 책보고 따라 뜨기. 블루와 화이트 실을 믹스해 뜨니 시원한 느낌이 좋다.

레이스 뜨개 램프 쉐이드 how to make p.62

도일리를 뜨다 보니 며칠 전 데크룸에 새로 교체한 조명이 생각났다. 흰색의 갓이 왠지 창백해 보였던 램프 위에 살짝 얹어 보았다. 이거 멋진 램프 쉐이드가 되겠다 싶다. 갓 위에 씌워 덮을 수 있도록 가운데를 둥글게 뚫어 주니 정말 근사한 램프 쉐이드가 되었다.
계절에 따라, 분위기에 따라 레이스 뜨개의 컬러를 바꿔도 좋겠고, 더워 보이는 계절이 되면 원래의 유리 갓 램프로 잠시 되돌리면 되겠다.

나처럼 변덕쟁이한테 핸드메이드라는 취미가 있다는 게 참 좋다.

빈티지 도일리 도안화에 푹 빠져 있던 어느 날,
마음에 쏙 드는 모티브 하나가 만들어졌다.
일명 나만의 모티브인 '빅 플라워(왕꽃) 모티브'가
탄생된 순간이다. how to make p.64

01 **왕꽃 모티브 스툴 커버** 빈티지 도일리 패턴을 보며 모사를 이용해 그대로 뜨니 자연스레 스툴 크기의 커버가 되었다.

02 **왕꽃 빈티지 레더 크로스백과 토트백** 빈티지 느낌이 좋은 레더 원단에 왕꽃 모티브를 붙여서 완성한 크로스백과 왕꽃 모티브를 몇 개 이어서 완성한 토트백으로 외출할 때 가볍게 들기 좋다.

03 **왕꽃 쿠션** 왕꽃 모티브 네 개를 이은 후 패브릭 쿠션 커버 위에 연결해서 만들어 준 쿠션 커버.

04 **왕꽃 블랭킷** 왕꽃 모티브를 여러 개 떠서 무릎 덮개 정도 크기의 블랭킷으로 만들었다.

소녀 감성 살려 주는 크레용 뜨개 갈란드 how to make p.66

지난 여름의 끝 무렵 딸아이를 위한 캠핑을 마당에서 열어 주었다. 여름이지만 쌀쌀한 시골 밤의 온도에 맞춰 직접 뜬 뜨개 블랭킷을 챙기고, 알록달록 크레용 컬러의 갈란드까지 떠서 장식으로 걸어 주니 특별한 캠핑 장비 없어도 근사한 분위기가 연출되었다. 꽃무늬 텐트 위로 나풀거리는 갈란드의 사랑스러운 분위기가 맘에 쏙 든 해랑이는 다음 여름 방학에는 꼭 친구들을 초대해서 소녀들만의 감성 캠핑을 할 수 있게 해 달라고 한다.

천연 방향주머니 how to make p.68

사각 쿠션 모양의 주머니를 만들어 안쪽에 탈취, 방충 효과가 있는 말린 라벤더를 넣으니 천연 방향주머니가 되었다. 색상별 여러 개를 만들어 딸아이의 옷장 서랍에, 남편의 차 안에, 아끼는 소품 상자에 하나씩 넣어 두니 향기도 은은해서 조그만 게 제 역할 톡톡이다.

HOW TO MAKE

레이스 뜨개 램프 쉐이드 p.56

재료 **실** 면사 30수(타조실)
바늘 모사용 코바늘 2/0호

1. 사슬42코를 만든 후 첫 번째 사슬코에 빼뜨기해 연결한다.
2. 도안에 표시된 1무늬가 14번 반복되는 패턴임을 숙지하고 뜬다.
3. 2단부터 11단까지는 도안에서 빼뜨기의 위치와 한길 긴뜨기가 시작되는 위치 등을 잘 확인하고 뜬다.
4. 실을 바꿔 12단과 13단을 도안과 같이 진행해 완성한다.

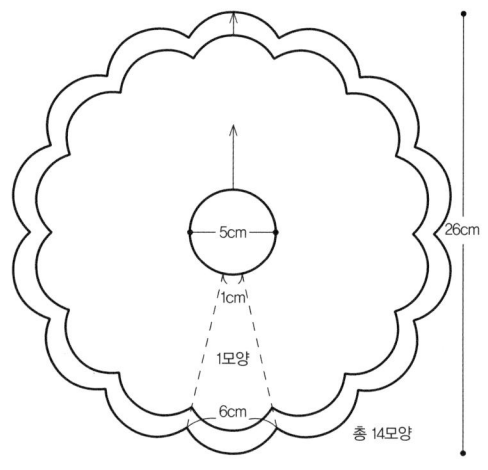

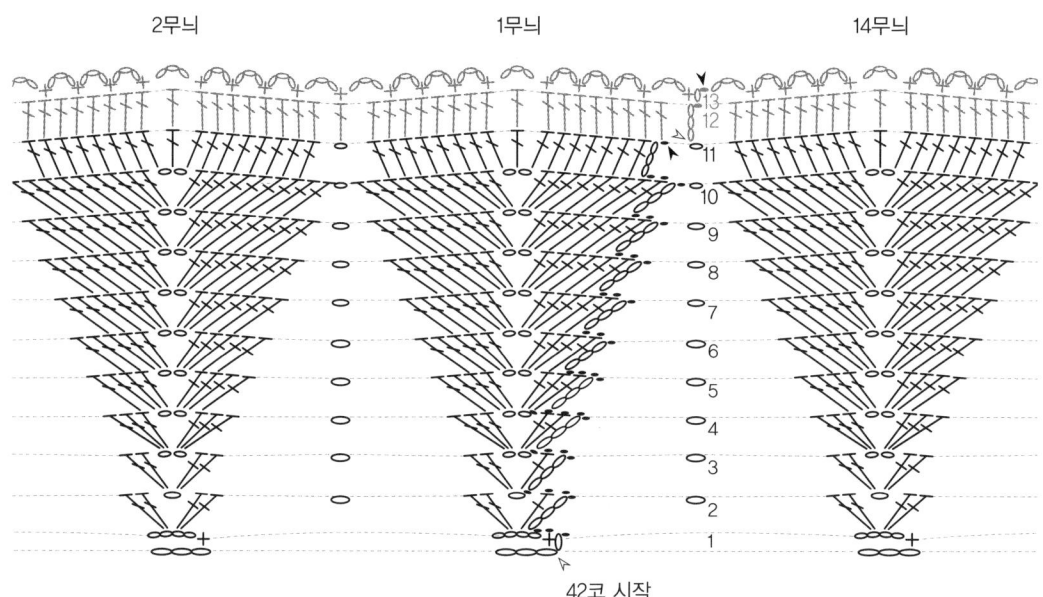

42코 시작

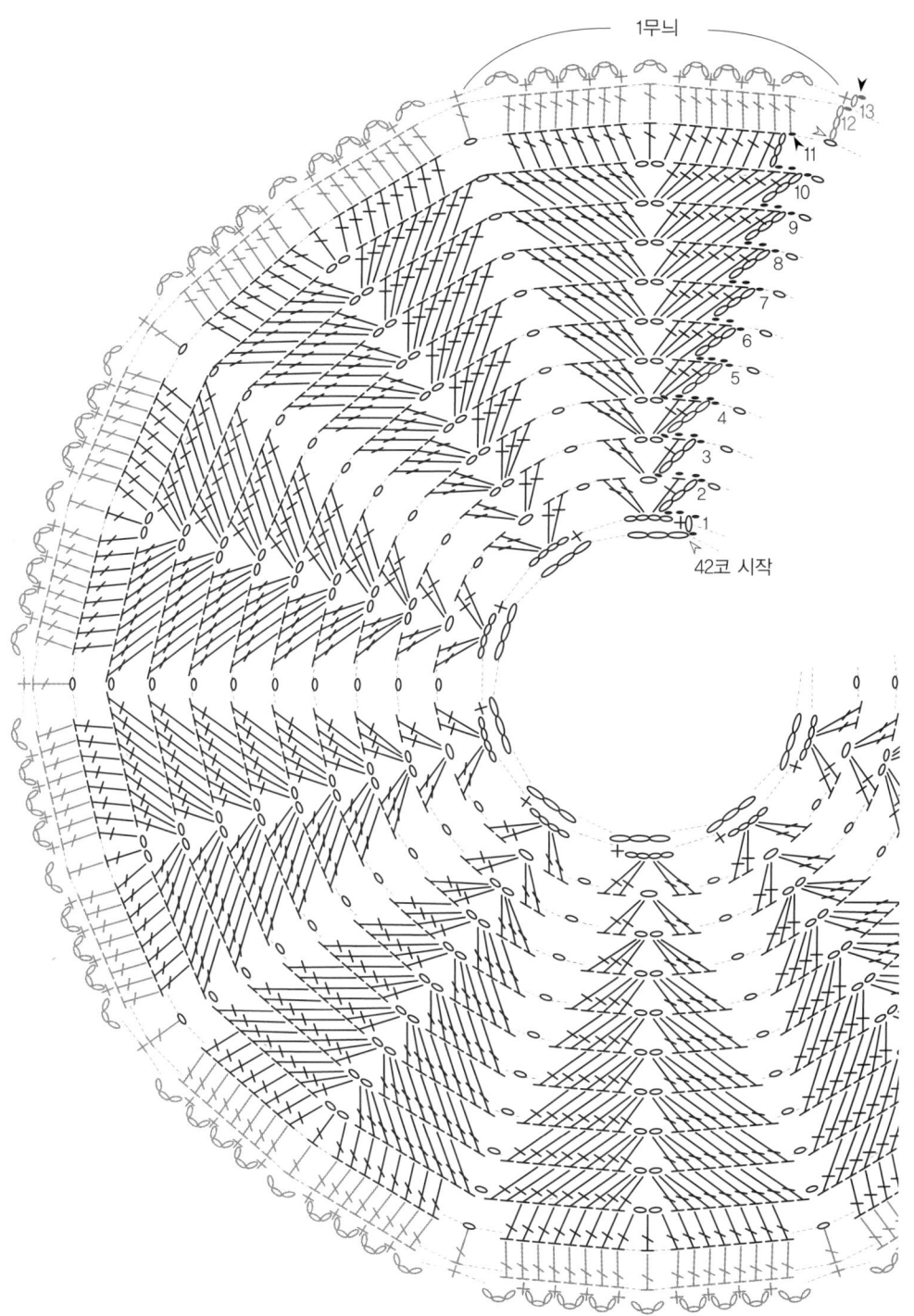

HOW TO MAKE

빅 플라워(왕꽃) 모티브 티포트 홀더와 쿠션 p.58

재료 **실** 램스울
바늘 모사용 코바늘 5/0호

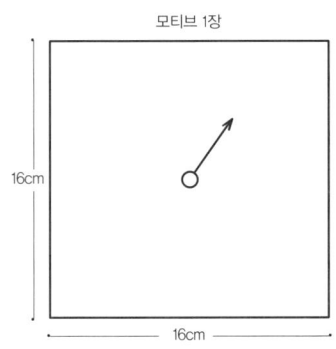

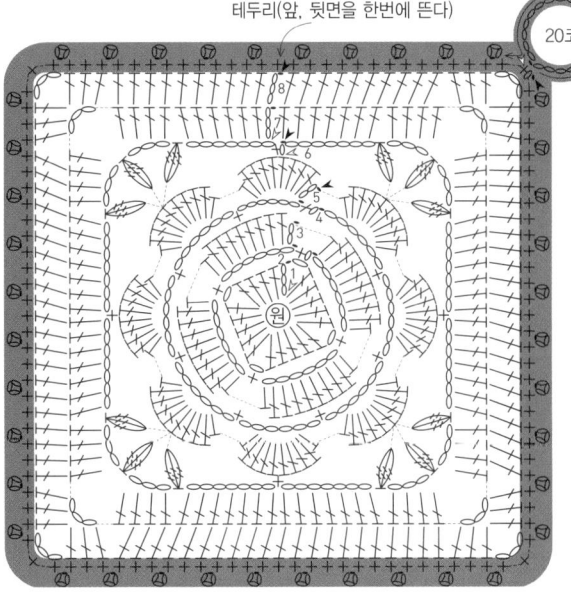

앞
1 손가락 감아 원형코 만들기로 시작한다.
2 1단부터 5단까지 도안대로 진행한다. (꽃잎 부분)
3 잎 부분을 진행할 실로 바꿔 6단을 도안대로 진행한다.
4 7단부터 8단까지 도안대로 진행한다.

뒤
1 손가락 감아 원형코 만들기로 시작한다.
2 왕꽃 모티브 1장을 이용한 받침의 뒷면을 1단부터 7단까지 도안대로 진행한다.

앞, 뒤 연결하기
1 앞면과 뒷면을 준비한다.
2 앞면과 뒷면을 안끼리 마주하도록 들고, 2장을 한꺼번에 도안대로 테두리 뜨기를 한다.

왕꽃 모티브 4개를 이용한 쿠션 뜨기
1 왕꽃 모티브(1단부터 8단까지 진행한 모티브) 4장을 준비한다.
2 왕꽃 모티브 쿠션의 도안에서 9단째를 진행한다. 이때 도안에서 표시된 위치에 빼뜨기해 잇는다.
3 10단부터 12단까지는 도안대로 진행한다.
4 도안과 같이 테두리 뜨기를 한다.

테두리(앞,뒷면을 한번에 뜬다.)

HOW TO MAKE

크레용 뜨개 갈란드 p.60

재료 **실** 램스울
바늘 모사용 코바늘 5/0호

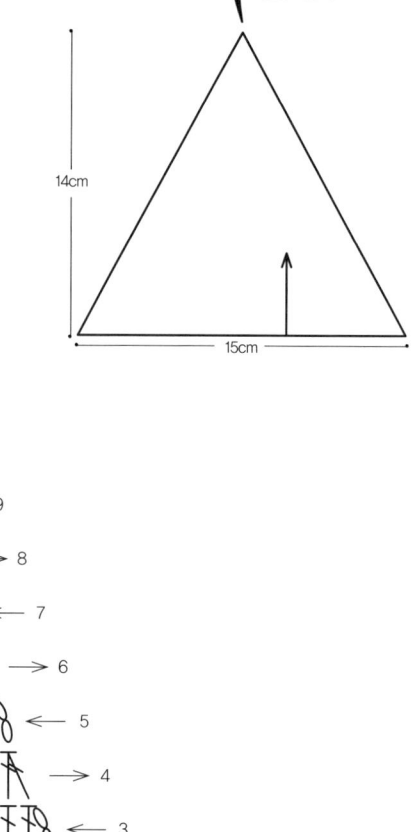

25코 시작

조각 만들기

1. 25코 시작 사슬코를 만든다.
2. 1단은 첫 기둥코 사슬3코를 뜬 후 한길 긴뜨기로 24코 진행한다.
3. 2단부터 12단까지 처음 2코와 마지막 2를 주의하여 도안대로 뜬다. (시작코를 두 코로 떠서 사선 모양을 자연스럽게 했다.)
4. 마지막 13단은 기둥 사슬코 2코를 뜬 후 남아있는 2코를 두코모아 한길 긴뜨기를 한 후 사슬1코를 뜬다.
5. 13단까지 진행 후 바늘에 걸려 있는 코를 길게 잡아당겨 가위로 자른다. (이때 남아 있는 실의 길이가 약 11cm 정도 되도록 한다.)
6. 1~7번까지 진행한 것과 같은 방법으로 원하는 만큼의 갈란드 조각을 완성한다.

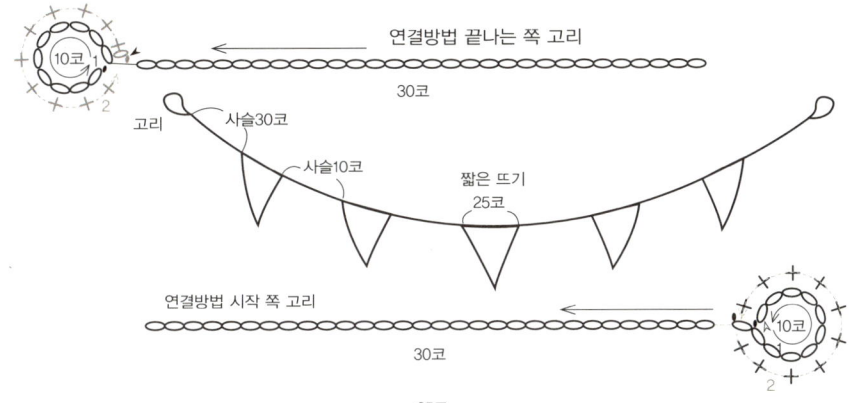

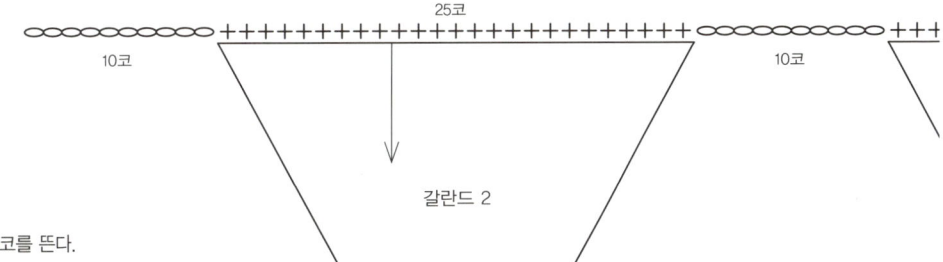

갈란드 2

연결하기

1. 먼저 사슬10코를 뜬다.
2. 첫 번째 사슬코에 빼뜨기하여 링 모양을 만든다.
3. 사슬1코를 뜬 후 짧은 뜨기 10코를 뜨는데, 이때 만들어 둔 사슬10코의 링을 감싸듯 뜬다.
4. 첫 번째 짧은 뜨기에 빼뜨기를 한 후 사슬30코를 뜬다.
5. 첫 번째 조각의 시작 사슬25코 부분에 짧은 뜨기 25코를 한다.
6. 짧은 뜨기 25코를 모두 한 후 사슬 뜨기 10코를 뜬다.
7. 두 번째 조각의 시작 사슬25코 부분에 짧은 뜨기 25코를 한다.
8. 사슬 뜨기 10코를 뜬다.
9. 세 번째 조각을 앞의 첫 번째와 두 번째 조각을 연결한 방식으로 연결한다.
10. 준비한 숫자만큼의 조각을 모두 연결한 후 사슬30코를 뜬다.
11. 사슬 뜨기 10코를 더 뜬 후 2번에서 했던 작업과 같이 처음 사슬코에 빼뜨기를 하여 링 모양으로 연결한다.
    (사슬 뜨기 30코를 진행한 후 사슬 뜨기 10코를 더 뜨는데, 사슬 뜨기 10코의 부분은 링 모양을 위해 뜨는 것이다.)
12. 사슬1코를 뜬 후 링을 감싸듯이 짧은 뜨기 10코를 진행한다.
13. 첫 번째 짧은 뜨기에 빼뜨기를 한다.

HOW TO MAKE

천연 방향주머니 p.61

재료 **실** 면사 40수
바늘 모사용 코바늘 2/0호

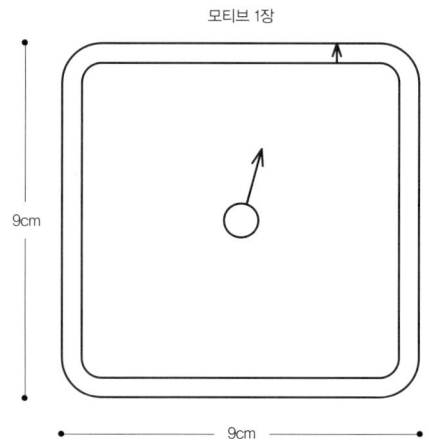

모티브 1장
9cm
9cm

앞
1 손가락 감아 원형코 만들기로 시작한다.
2 1단을 도안대로 뜬다.
3 2단, 4단, 6단은 도안대로 진행하되 1단의 사슬3코 부분에 감싸듯 뜬다.
4 다른 부분들도 도안대로 뜬다.

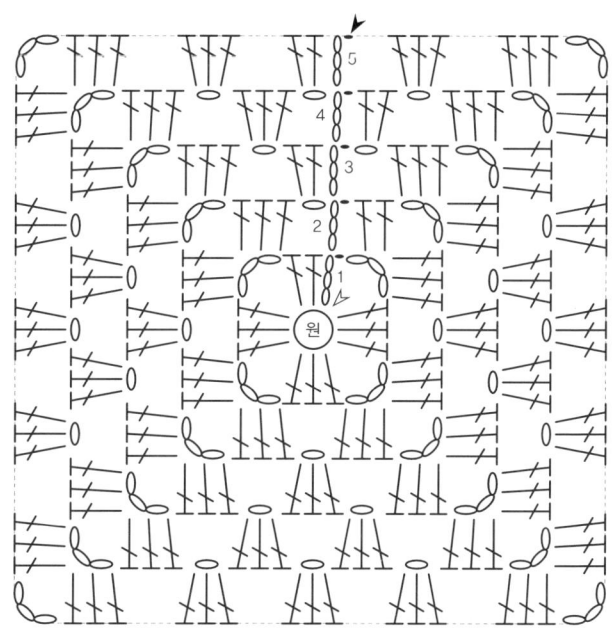

뒤
1 손가락 감아 원형코 만들기로 시작한다.
2 1단부터 5단까지 도안대로 진행한다.

앞, 뒤 연결하기
1 1단부터 5단까지 완성한 뒷면과 1단부터 8단까지 진행한 앞면을 준비한다.
2 앞면과 뒷면을 안끼리 마주하도록 들고(2장 모두 겉면이 밖에서 보여지도록) 2장을 한꺼번에 도안대로 테두리 뜨기를 한다.
3 테두리 뜨기를 3면 정도 했을 때, 라벤더를 넣은 사각주머니를 사이에 넣고 남은 한 면 역시 테두리 뜨기로 완성한다.

KNITTING | 69

취미의 발견
셋

EMBROIDERY

오롯이 나와 마주하는 시간　|　자 수

한여름, 마당 한 바퀴를 돌다 보면 어김없이 손엔 한 움큼의 풀꽃이 들려 있다. 백일홍과 쑥부쟁이, 강아지풀, 하얀 레이스를 닮은 이름 모를 들꽃까지…. 아무렇게나 꽂아도 잘 어울리는 잔잔하고 소박한 작은 풀꽃들을 들여다보고 있으면 문득 그림을 그리고 싶단 생각이 든다. 일부러 관심 두지 않으면 잘 보이지 않다가 자신들을 향해 눈길 주면 그제야 다정한 말을 걸어오는 것 같은 풀꽃들. 그 모습을 그림으로 옮겨 놓을 수 있다면 사진과는 또 다른 시각으로 풀꽃들의 아름다움을 오래오래 느낄 수 있을 것만 같다.

정원을 수로 옮겨 놓는
그날을 위해

그림 잘 그리는 지인이 있어 풀꽃을 담아 둔 사진을 보여 주며 수를 놓을 수 있도록 밑그림 한 장을 부탁했다. 손재주가 좋은 그녀는 나의 마음을 알아차린 듯 리넨 위로 풀꽃을 살포시 옮겨 주었다. 자연스럽고 예쁜 그림에 이대로도 좋다 생각되었지만 처음 생각했던 대로 그림 위에 나만의 색감으로 수를 놓아 보았다. 비록 그녀처럼 그림 잘 그리는 재주는 갖지 못했지만, 물감과 붓 대신 실과 바늘을 이용해 천을 화폭 삼아 작은 풀꽃을 옮겨 두고 싶은 생각이 든 것이다.
(아마도 다음 취미의 발견은 '그림 그리기'가 될지도…)

노란 꽃 수술이 봉긋하게 올라오고,
오돌토돌 하얀 꽃송이가 레이스처럼 펼쳐지고,
강아지풀의 연둣빛 잎새가 손끝을 간지럽히듯 살아난다.

뽀얀 리넨 천 위에 한 땀 한 땀 풀꽃이 수놓아졌다.
사진이 그림으로, 그림이 다시 자수가 된 것이니
이 또한 핸드메이더들의 콜라보레이션이 되었다.

자수에 필요한 기본 도구

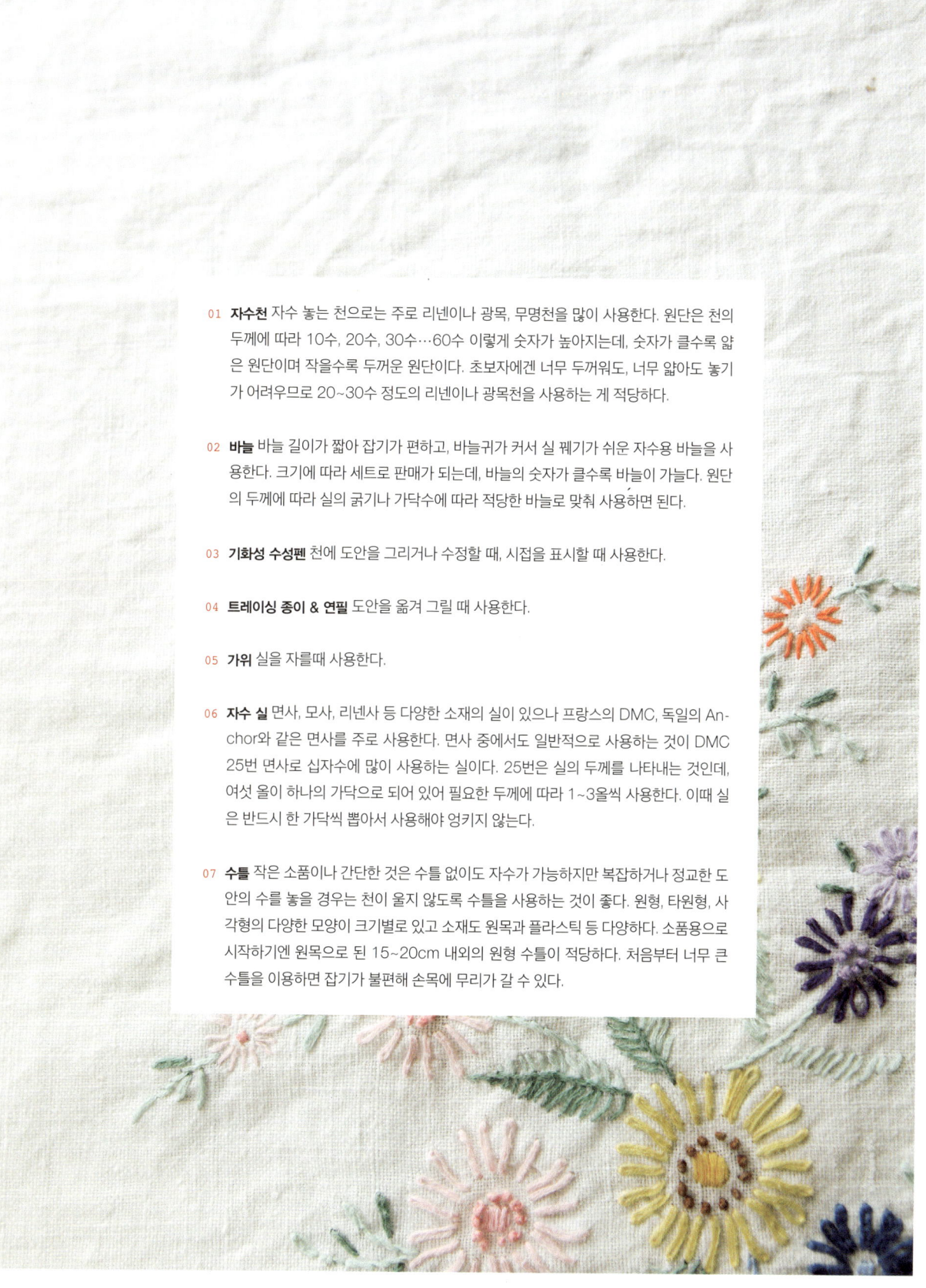

01 **자수천** 자수 놓는 천으로는 주로 리넨이나 광목, 무명천을 많이 사용한다. 원단은 천의 두께에 따라 10수, 20수, 30수…60수 이렇게 숫자가 높아지는데, 숫자가 클수록 얇은 원단이며 작을수록 두꺼운 원단이다. 초보자에겐 너무 두꺼워도, 너무 얇아도 놓기가 어려우므로 20~30수 정도의 리넨이나 광목천을 사용하는 게 적당하다.

02 **바늘** 바늘 길이가 짧아 잡기가 편하고, 바늘귀가 커서 실 꿰기가 쉬운 자수용 바늘을 사용한다. 크기에 따라 세트로 판매가 되는데, 바늘의 숫자가 클수록 바늘이 가늘다. 원단의 두께에 따라 실의 굵기나 가닥수에 따라 적당한 바늘로 맞춰 사용하면 된다.

03 **기화성 수성펜** 천에 도안을 그리거나 수정할 때, 시접을 표시할 때 사용한다.

04 **트레이싱 종이 & 연필** 도안을 옮겨 그릴 때 사용한다.

05 **가위** 실을 자를때 사용한다.

06 **자수 실** 면사, 모사, 리넨사 등 다양한 소재의 실이 있으나 프랑스의 DMC, 독일의 Anchor와 같은 면사를 주로 사용한다. 면사 중에서도 일반적으로 사용하는 것이 DMC 25번 면사로 십자수에 많이 사용하는 실이다. 25번은 실의 두께를 나타내는 것인데, 여섯 올이 하나의 가닥으로 되어 있어 필요한 두께에 따라 1~3올씩 사용한다. 이때 실은 반드시 한 가닥씩 뽑아서 사용해야 엉키지 않는다.

07 **수틀** 작은 소품이나 간단한 것은 수틀 없이도 자수가 가능하지만 복잡하거나 정교한 도안의 수를 놓을 경우는 천이 울지 않도록 수틀을 사용하는 것이 좋다. 원형, 타원형, 사각형의 다양한 모양이 크기별로 있고 소재도 원목과 플라스틱 등 다양하다. 소품용으로 시작하기엔 원목으로 된 15~20cm 내외의 원형 수틀이 적당하다. 처음부터 너무 큰 수틀을 이용하면 잡기가 불편해 손목에 무리가 갈 수 있다.

프랑스 자수 기본 스티치법

러닝 스티치 Running Sitch
홈질과 같은 방법으로 가장 기본이 되는 스티치 기법이다. 겉과 안의 바늘땀 길이를 똑같이 해야 한다. 선을 약하게 표현할 때 사용한다.

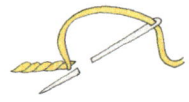

아웃라인 스티치 Outline Stitch
왼쪽에서 오른쪽으로 바늘을 움직여 실이 반만 겹쳐지게 하는 것이다. 선을 표현하는데 많이 사용된다.

백 스티치 Back Stitch
박음질과 같은 방법으로 겉으로 보이는 바늘땀이 겹쳐지지 않도록 되돌아가면서 앞으로 연결해 나가는 수법이다.

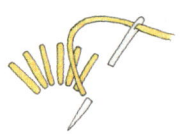

스트레이트 스티치 Straight Stitch
'직선'이란 뜻으로 일정한 길이의 직선으로 수놓는 기본적인 수법이다.

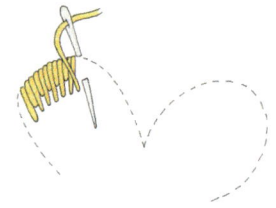

롱 앤 쇼트 스티치 Long and Short Stitch
한 번은 길게 한 번은 짧게 땀이 일정하게 반복되도록 뜨는 수법이다. 꽃잎 표현에 주로 쓰인다.

플라이 스티치 Fly Stitch
가로로 한 땀 스티치를 놓은 후 가운데서 위나 아래로 잡아당겨 Y자나 V자가 되도록 하는 수법이다. 'Y스티치'라고도 한다. 작은 나뭇잎 표현에 많이 사용한다.

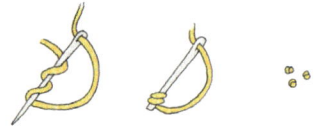

프렌치 노트 스티치 French Knot Stitch
천의 뒤에서 앞으로 바늘을 뺀 뒤 바늘에 2~3번 정도 실을 감고, 처음 바늘을 뺀 자리 바로 옆으로 빼내면서 매듭을 만들어 준다. 꽃 수술이나 작은 점, 열매 표현에 많이 사용된다.

레이지 데이지 스티치 Lazy-Daisy Stitch
원하는 크기의 바늘땀을 뜨고 바늘 뒤에 실을 한 바퀴 돌려 작은 고리가 되게 한다. 처음 자리로 다시 들어간 뒤 고리의 가운데 뒤에서 빠져나오며 한 땀 집어 준다. 작은 잎이나 꽃잎 표현에 많이 사용된다.

체인 스티치 Chain Stitch
말 그대로 체인 모양이 되도록 반복해서 연결하는 수법이다. 아웃라인보다 굵은 선을 표현하거나 부드러운 선 표현에 사용된다.

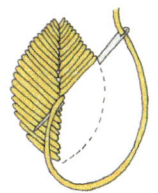

새틴 스티치 Satin Stitch
'수자직'이란 뜻으로 면을 채우는데 가장 많이 이용되는 수법이다. 꽃잎이나 나뭇잎 등의 면을 채울 때 쓰인다. 수평이나 사선의 모양이 일정하게 유지되도록 한다.

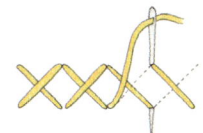

크로스 스티치 Cross Stitch
실이 서로 교차하여 중심에서 'X'자 모양이 되도록 하는 수법이다.

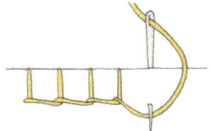

버튼홀 스티치 Buttonhole Stitch
단추 구멍이나 가장자리 마감에 사용된 기법으로 '블랭킷 스티치'라고도 한다. 자수에서는 꽃잎 표현이나 컷워크, 아플리케에 많이 사용된다.

페더 스티치 Feather Stitch
'깃털'이란 뜻을 가진 페더 스티치는 수놓는 방법이 블랭킷 스티치와 비슷하나 모양이 'V'자가 되도록 비스듬히 바늘땀을 뜬 후 위아래로 반복해 수놓는다.

카우칭 스티치 Couching Stitch
카우칭은 굵은 실을 가는 실로 고정시킨다는 뜻으로 중심 실을 도안 따라 놓고 다른 실을 이용해서 'X'자 또는 직선으로 고정시키는 수법이다. 줄기나 글자 표현에 주로 사용된다.

헤링본 스티치 Herringbone Stitch
실을 사선으로 비스듬히 해서 위아래가 교차되도록 반복해 가며 놓는 수법이다. 크로스 스티치와 비슷한 방법이나 위아래 폭을 달리해서 모양을 조정한다.

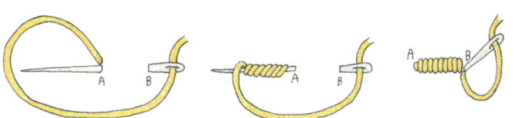

불리온 스티치 Bullion Stitch
천 위로 바늘을 꽂고 여러 번 실을 휘감은 뒤 바늘을 뽑아내 모양을 만들어 주는 수법이다. 동그랗게 구부리면 장미꽃을 쉽게 만들 수 있어 '불리온 로즈 스티치'라고도 한다.

Hakuna Matata!
하쿠나 마타타!
일부러 읊조리다 보면
마음이 자유로워지는 느낌!
조금은 히피스럽게,
조금은 자유롭게,
조금은 사랑스럽게.
하쿠나 마타타!
걱정하지마, 다 잘될 거야!

딸아이가 만든 드림캐처와 함께 자유로움이 나부낀다.

티피 텐트 장식 플래그

제주 바닷가에서 주워 온 나뭇가지에 레이스를 덧대어 꿰매고, 적당한 프린트 천을 잘라 티피 텐트 모양으로 아플리케한 뒤, 몇 가지 간단한 수를 놓아 만든 나만의 감성 캠핑 문패

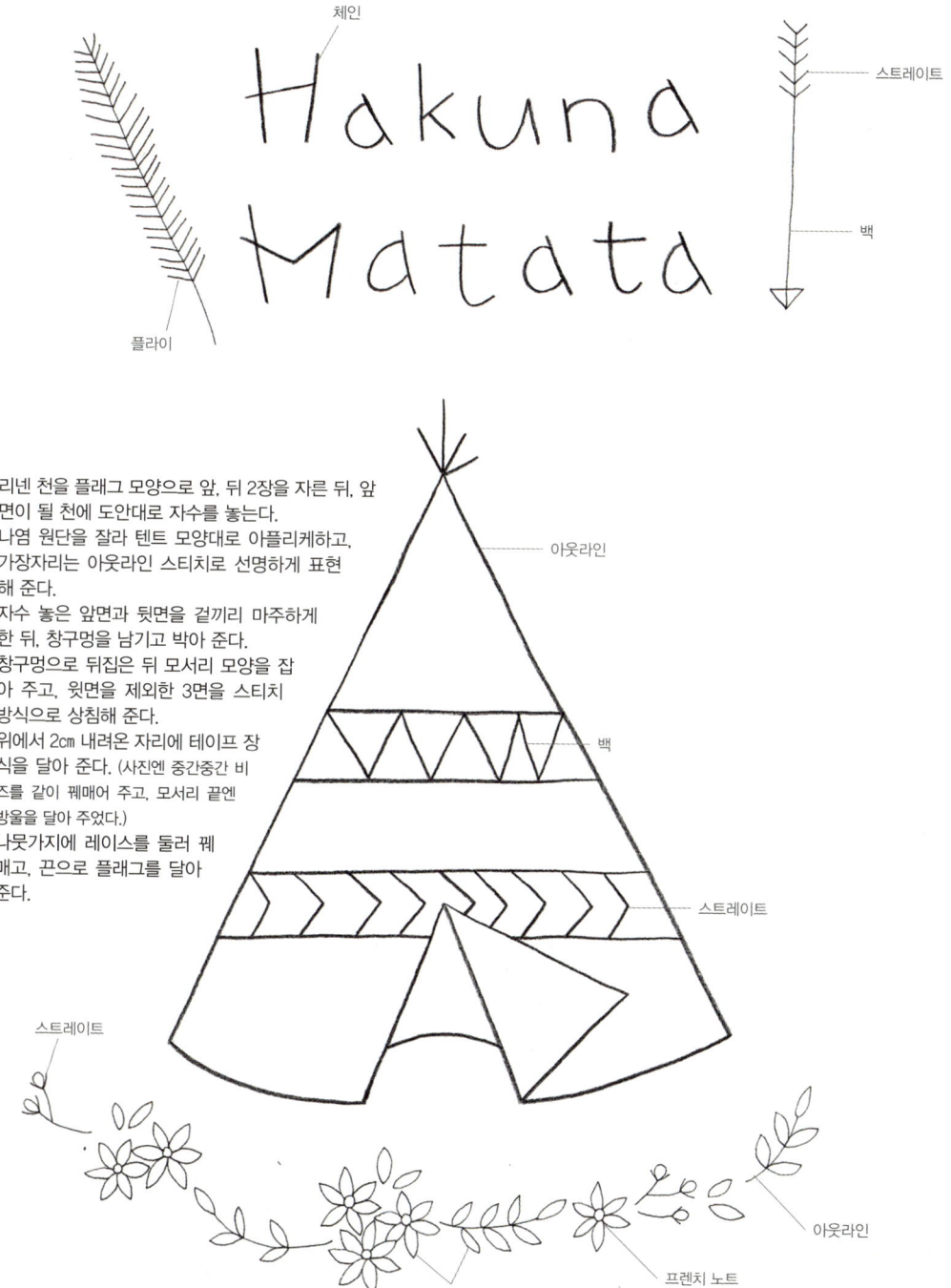

1. 리넨 천을 플래그 모양으로 앞, 뒤 2장을 자른 뒤, 앞면이 될 천에 도안대로 자수를 놓는다.
2. 나염 원단을 잘라 텐트 모양대로 아플리케하고, 가장자리는 아웃라인 스티치로 선명하게 표현해 준다.
3. 자수 놓은 앞면과 뒷면을 겉끼리 마주하게 한 뒤, 창구멍을 남기고 박아 준다.
4. 창구멍으로 뒤집은 뒤 모서리 모양을 잡아 주고, 윗면을 제외한 3면을 스티치 방식으로 상침해 준다.
5. 위에서 2㎝ 내려온 자리에 테이프 장식을 달아 준다. (사진엔 중간중간 비즈를 같이 꿰매어 주고, 모서리 끝엔 방울을 달아 주었다.)
6. 나뭇가지에 레이스를 둘러 꿰매고, 끈으로 플래그를 달아 준다.

고운 색실 몇 가지로 수를 놓다 보면
한여름 귀를 쟁쟁 울리는 매미 소리도 들리지 않는다.
오롯이 나와 마주하는 시간

크리놀린 레이디 *Crinoline Lady*

흔히 '크레놀린'이라고 하는 크리놀린 도안은 자수를 하는 사람들은 모르는 이들이 없을 것이다. 프랑스 자수를 대표하는 도안이기도 하고, 서양 자수를 배우면서 가장 해 보고 싶은 도안이기도 하기 때문이다.

크리놀린은 중세시대 여성들이 스커트를 풍성하게 부풀리기 위해 스커트 안에 받쳐 입은 받침대를 일컫는 것인데, 크리놀린이 받쳐져 한껏 부풀려진 드레스를 입고, 모자나 양산을 쓴 우아한 모습의 여인을 '크리놀린 레이디'라고 한다. 몇 가지 간단한 수법만 알아도 표현할 수 있어 초보자들도 쉽게 시도해 볼 수 있고, 드레스의 정교한 표현과 배경이 되는 정원을 화려하게 표현해 완성도 높은 작품 자수를 놓을 수도 있다. 인터넷에 빈티지 크리놀린 레이디에 관한 무료 도안이 많이 공개되어 있으므로, 몇 번 연습해 나만의 크리놀린 레이디를 만들어 보는 것도 좋겠다. 수놓은 크리놀린은 앞치마나 쿠션, 발란스, 커튼 등에 다양히 활용할 수 있다.

레드나 블루 한 가지 색상의 실로 아웃라인 또는 백 스티치를 이용해 수놓는 것을
레드워크*Redwork*, 블루워크*Bluework*라고 한다. 전통 크리놀린을 변형해서 그려 본
크리놀린 레이디에 간단히 블루워크를 하고, 꽃에는 컬러를 써서 포인트를 주었다.
빈티지 우드 액자 안에 빈티지 레이스를 덧붙여 넣으니 그대로 멋스럽다.

크리놀린 레이디 도안 & 스티치법

전통 크리놀린 레이디 자수처럼 여러 가지 스티치법을 다양하게 활용해서 시간을 들여 꼼꼼하게 완성해도 예쁘고, 초보자들은 한두 가지 스티치와 실을 이용해서 간단하게 표현할 수도 있다. 도안을 이용해 나만의 멋진 크리놀린 작품을 만들어 보길…

* 스티치 기법 옆의 숫자는 색상을 참고할 수 있도록 표시한 DMC 자수실의 번호이다.

EMBROIDERY | 83

취미의 발견
넷

REFORM

조금씩 고쳐 가며, 덧붙여 가며 | 리 폼

오래되고 낡은 의자 페인트칠하기, 동네에서 주워 온 각재로 사다리 만들어 소품 장식하기, 아이들 어릴 때 쓰던 3단 공간 박스에 옹이패널 붙여 컨츄리 하트장 만들기, 다 쓴 페인트 통으로 아이들 문구 담는 수납통 만들기, 먹고 난 플라스틱 된장 통까지 버리지 않고 리폼해 법랑 느낌의 다용도 수납함으로 만들고, 거칠거칠한 사과 박스 매끈하게 다듬어 가든 툴 박스나 화분 선반장, 우편 박스로 탈바꿈시키고, 나중엔 사과 박스 몇 개로 그럴싸한 그릇장까지 만들었다.

버릴 것 하나 없고, 못 만들 것 없었던 리폼의 매력에 푹 빠졌던 그런 때가 나에게 있었다. 길을 가다 자투리 나무나 사과 박스가 보이면 그냥 지나치지 못하고 집으로 끌고 들어오고, 매일같이 그것들을 자르고 다듬느라 손이 갈라 터지고, 사포 가루에 눈병까지 걸려서도 벌겋게 충혈된 눈으로도 뭐 또 만들 것 없을까? 고민하던 시절이 있었다. 말하자면, '콩콩 씨의 리폼홀릭시대', '콩콩 씨의 핸드메이드 춘추전국시대'였다고나 할까?

사과 박스 하나면 세상이 내 것!

동네 슈퍼나 대형 마트 앞에 쌓여진 채 버려져 있는 거친 사과 박스가 그땐 그렇게 반가울 수가 없었다. 누가 가져가기라도 할까 싶어 얼른 주워 놓고, 어떤 아이로 탈바꿈해 줄까 고민하며 즐거워했다. 사과 박스가 재탄생하기까지는 많은 손이 간다. 하나하나 분해하고, 거친 가시를 없애기 위해 팔이 아프도록 사포질하고, 디자인에 맞춰 잘라 낸 후 다시 조립하는 과정을 거친다. 어디 그뿐인가? 안 그래도 낡은 나무인데 빈티지 효과를 낸다며 애써 칠한 페인트를 일부러 한 번 더 벗겨 내고, 거기에 좋아하는 문구로 한 글자 한 글자 필름까지 파가며 스텐실로 포인트를 준다. 스텐실된 글자가 없으면 왠지 허전해 보인다. 마지막으로 바니시까지 칠해야 비로소 완성이 되는 사과 박스 리폼 과정이다. 환골탈태(換骨奪胎), 개과천선(改過遷善)이 이럴 때 쓰는 말이 아닌가 싶다. 가끔은 이런 걸 왜 하고 있나 싶을 정도로 과정 과정 번거롭고 고되었지만, 완성 후 '이게 정말 사과 박스 하나로 만들어진 거야?' 하며 놀랄 정도로 예쁘게 완성된 결과물을 보면 수고스런 마음을 한 방에 날려버리는 묘한 매력이 있었다. 사과 박스 하나만 있음 세상을 다 가진 양 행복했던 2006년, 2007년 서른 초반의 콩콩 씨였다.

01-03 사과 박스로 만든 다양한 소품 박스들

04 **와인 박스로 만든 콘솔** 이건 사과 박스와는 달리 기초 손질이 필요 없는 와인 박스로 만든 콘솔이다. 폐목을 불에 그을려 나무결을 살려 주는 낙동법을 이용해 빈티지한 상판을 만들고, 와인 박스에 스테인을 칠하고 닭 장식 손잡이를 달아 여닫이 서랍으로 만들었다. 마지막으로 쓰다 남은 각재 4개를 잘라 다리를 만들어 주었더니 이렇게 빈티지스러운 와인 콘솔이 만들어졌다. 간단하게 만든 가구지만 특별히 애정이 가는 콘솔이다.

시간이 지난 지금은 이 모든 것이 내 열정에 대한
그리움의 흔적들이다.

Before

After

미니 철망장의 변신

리폼을 좋아한다는 것을 아는 지인들은 지금까지도 길을 가다 쓸만한 나무상자나 버려진 의자가 있으면 주워다 주곤 한다. 이것 역시 몇 해 전, 흙투성이의 나무상자를 지인이 가져다준 것이다. 사과 박스보다 훨씬 크고 상자가 어찌나 튼튼하고 잘 생겼던지 흙 따윈 아랑곳없었다. 솔을 이용해 '빡빡' 흙 때를 밀며 깨끗하게 목욕시키고, 그늘에서 일주일 정도를 말려 주었다. 그런 다음 각재를 이용해 다리를 붙이고, 안쪽엔 2단 판재를 끼워 서랍도 만들고, 크기에 맞춰 철망을 끼운 문짝도 달아 주었더니 근사한 철망장이 되었다.

그렇게 꽤 몇 년을 썼던 블루 철망장, 최근에 새롭게 리폼을 해 주었다. 구멍이 숭숭 뚫린 철망으로 먼지가 감당이 되지 않았던 차였기에 투명 아크릴판으로 문짝을 교체하고, 민트색으로 좀 더 화사하게 페인트칠하고, 손잡이까지 바꿔 달아 주었더니 전혀 다른 분위기의 미니 장이 탄생되었다.

지금은 무조건 리폼을 하지는 않는다. 필요에 의해 리폼에 리폼을 더해서 사용하는 소품과 가구가 가끔 생긴다. 쓰다 보니 먼지가 많이 끼는 철망문 대신 아크릴판으로 갈아 끼운 문짝의 가구라던가, 잡기 불편한 손잡이만 바꿔 달아 쓴다든가…. 예전엔 그저 예쁘게만 만들었다면 이제 리폼은 멋이 아닌 생활에 편리한 실용적인 면으로 비중이 더 커지고 있다.

다리가 3개인 고재 스툴, 앉기에는 균형이 맞질 않아 장식 역할만 하던 스툴을 과감히 와인 박스와 합체하기로 했다. 와인 박스 안쪽에 얇은 판재로 칸을 나누고 바느질에 필요한 부자재 소품들을 정리하니 바느질할 때 옆에 두고 쓰기에 참 좋다. 간단한 아이디어로 멋진 바느질 책상이 탄생되었다.

01-02 **와인 박스와 스툴을 이용한 바느질 책상** 와인 박스에 판재를 이용하여 칸막이를 만들고, 내추럴한 색상의 스테인을 바른 뒤 긴 피스 몇 개로 3족 스툴과 합체했다.

03-04 **북유럽 스타일 미니 찬장** 찬장 스타일의 반제품을 조립 후 내추럴 색상의 스테인을 바르고, 문짝은 연노랑 페인트를 칠했다. 안쪽에는 북유럽 스타일의 패턴 원단을 붙여 주었다.

땅 속에서 봄기운이 꿈틀대듯 내 안에서 뭔가 꿈틀대던 날,
잊고 있었던 아주 다른 두 가지 물성이 떠올랐다.
철제와 소나무!

철제 테이블과 떡판의 만남

지금 살고 있는 집터는 예전에 규모가 큰 농장으로 쓰던 곳이라 농장 곳곳에 보물들이 숨겨져 있다. 물론 그 보물이라는 것은 누군가에게는 고물일 수도 있다. 리폼을 할 때 주로 나무를 이용하다 보니 그 외 소재엔 별 관심이 없던 시절, 농장 한쪽 구석에서 낡은 테이블 하나를 발견했다. 상판도 원목이 아니고, 가로로 댄 철제 받침 하나는 삭아서 떨어져 나갔고 군데군데 부식되어 한마디로 볼품이 없었다. 다만, 날씬한 디자인의 철제 다리만은 예사롭지 않아 보였다. 사선으로 살짝 기울어진 다리 가운데와 받침 장식 부분이 동글동글 예쁘게 모양이 나 있어 당시 철제를 그리 좋아하지 않던 내 눈을 사로잡았다. 언젠가 적당한 나무가 있으면 상판을 새로 올려 손을 봐주리라 마음먹었다.

지난 명절, 시골집에 내려가니 평생을 시골서 살아오신 큰엄마네가 건강상의 이유로 도시로 이사를 하셨단다. 시골 살림은 그대로 남겨 둔 채로…. 정갈한 살림 솜씨의 큰엄마가 쓰시던 물건들이 여기저기 보이고, 마당 한 켠에 덩그러니 세워진 소나무 떡판 하나가 보였다. 고슬고슬 찹쌀을 쪄 떡판 위에 올려 놓고 '쿵덕쿵덕' 떡메로 쳐서 인절미를 만들던 그 떡판이다. 색깔도 많이 바래고 여기저기 칼자국과 곰팡이도 피어 있다. 딱히 쓸데도 생각나지 않고, "고재는 아니네"라는 꽁지 씨의 무심한 말도 있었지만 일단 차에 실어 집으로 갖고 가겠다고 고집을 피웠다.

1 MDF로 된 철제 테이블의 낡은 상판을 떼어 버리고 떡판을 올려 보니 크기를 맞춘 듯 딱이다.
2 낡은 철제 다리는 부식된 부분을 사포로 갈아 내고, 검정색 스프레이를 이용해 벗겨진 부분 위주로 살살 뿌려 빈티지한 자연스러운 멋을 최대한 살려 주었다.
3 상판으로 쓸 떡판은 물을 뿌린 후 솔질로 곰팡이와 묵은 때를 씻어 주고, 그늘에서 며칠을 말려 주었다.
4 상판에 난 자국들만큼 많은 추억을 간직한 낡고 거친 그대로의 느낌이 좋았지만 실생활에서 테이블로 쓰기엔 불편하여 천연 오일을 얇게 펴 발라서 방수 역할도 하고, 거친 나뭇결도 정리해 주었다.

큰집과 바로 옆집에 살며 명절 때면 온 가족이 둘러 모여 인절미를 만들어 고소한 콩고물을 묻혀 먹으며 북적북적 대던 장면들이 떠오른다. 거칠고 낡은 소나무 상판을 손으로 어루만지면 엄마와 큰엄마의 온기가 따뜻하게 전해지는 듯하다.

어린 시절의 추억이 깃든 떡판으로 만든 테이블은 또 다른 이야기를 만들어 갈 것이다.

한 권씩 수집하듯 사 모은 외국의 양장본 인테리어 책과 지친 마음을 살살 달래 주는 무크지, 빈티지 가드닝 책들은 바라만 봐도 좋다. 선반형 오픈 책장을 만들어 그런 책들을 꽂아 두고, 햇빛을 조명 삼아, 바람을 음악 삼아 그냥 무심한 듯 넘기면서 보고 또 본다. 책장은 손잡이닷컴의 삼나무 반제품을 이용해 만든 것이다. 리폼을 좋아하는 나는 반제품도 그냥 사용하지 않고, 거기에 스크랩우드 조각과 이름표를 덧붙여 나만의 개성이 묻어나는 책장을 만든다. 책장 앞의 의자는 버려진 낡은 의자를 주워다 페인트를 칠해 주고 빈티지스럽게 벗겨 내었다.

최근 다시 리폼해 준 데크, 나만의 가드닝 코지 공간!
시간이 갈수록 사람 냄새나는 우리 집이 참 좋다.

좋아해, 의자
i like chair

주워서 내 것으로 만든 의자 모여!

안 좋아하는 게 어디 있겠냐마는 의자가 참 좋다.
추억 돋는 초등학교 나무 의자부터 고재, 빈티지 스툴까지…
의자는 누군가의 지친 마음을 위로해 주고,
좋아하는 사람들을 옹기종기 모이게 하는 힘이 있다.

취미의 발견
다섯

VINTAGE

오래된 물건이 주는 낭만 | 빈 티 지

나의 집과 가게에는 '빈티지'라고 불릴 만한 소품들이 꽤 많다. 가게를 찾는 사람들은 도자기 사이사이에 장식되어 있는 빈티지 물건들을 보고는 한결같이 "어릴 적 우리 집에 있던 거네."라며 반가운 기색을 한다. 가끔 오시는 외국 분들까지 말이다. 나는 반들반들한 새것보다 낡은 물건이 좋다. 빈티지라는 것은 단순히 오래된 것만은 아니다. 거기엔 어렸을 적의 추억이 있고, 엄마의 청춘이 있고, 이야기가 있다. 내가 기억하는 엄마의 나이가 되고 보니 그런 기억들에 친정을 찾을 때면 엄마의 찬장을 뒤져 보기도 하고, 안방 벽에 걸려 있던 횃댓보가 떠올라 "그때 엄마가 수놓아 만들었어? 지금은 어디 있어?" 등의 취조 아닌 취조를 하기도 한다.

또 외국의 빈티지는 우리와는 다른 문화에서 만들어진 이국적인 매력에 끌린다. 우연히 다시 보게 되는 고전영화에서 내용보다 영화 속 소품에 눈길을 주며 감탄을 하곤 한다.

좋아해, 빈티지
i like vintage

내추럴, 빈티지, 정크… 좋아하는 게 많아서 진정한 내 스타일이 무엇인지 갈피를 잡지 못할 때가 있다. 어느 것 하나 버릴 수 없는 좋아하는 것들, 결국은 그 속에 연결고리가 있다는 것을 알게 되었다. 그리고 해가 갈수록 그 속에 나만의 스타일을 잡아간다는 즐거움이 있다.

빈티지에 대한 사랑은 빈티지 스타일이라고 정의되기 전부터 이미 시작된 것 같다. 일부러 사 모은 것 외에도 가족이나 지인들이 쓰던 낡은 가구와 소품을 버리지 않고 모아 둔 것이 꽤 많기 때문이다. 그렇게 알음알음 모아 둔 나의 빈티지 컬렉션에는 지금의 취미와 관련된 것들이 많이 있다. 커피에 관련된 용품이라든가 재봉틀 같은 바느질에 관련된 용품들, 사춘기 소녀시절 끼고 살았던 추억의 라디오 같은 것들 말이다. 특히, 그 시절 여자들의 혼수 필수품이었던 재봉틀은 친정 엄마에게서 물려받은 손틀 재봉틀과 자개 재봉틀, 둘째 시누이에게 물려받은 공업용 재봉틀을 포함하여 몸체만 있어 사용이 불가능한 손틀 재봉틀 2대와 이번에 구입해서 데려 온 부라더 손틀 재봉틀까지 재봉틀만 6대다. (앞으로도 더 늘어날 것 같다.)

언젠가 옥션에서 경매로 싼값에 낙찰받은 2인용 학원 책상과 걸상, 부산에 사는 지인이 보내 온 뜨거운 냄비 자국 그대로 나 있는 과학실 의자, 인도 여행길에 사 온 인도 사람들이 실제 사용하는 작은 램프와 우유통, 오래전 누군가의 손때가 묻어 자연스러운 멋이 절로 나는 낡은 테이블은 바라만 봐도 흐뭇해진다. 이런 딸을 친정 아버지는 '별 거지 같은 것'을 좋아하는 별난 막내딸이라 하신다.

의도했던 하지 않았던 그렇게 시간을 두고 좋아하는 취향의 물건들을 하나씩 모으다 보니 이젠 나름 빈티지 컬렉터가 되었고, 그렇게 모인 것들은 나의 시골 농가와 핸드메이드 작품들과 자연스럽게 어울려 어느새 내가 좋아하는 빈티지 스타일로 연출되고 있다.

버리면 고물이지만, 이렇게 자리 잡아 아껴 주면 보물이 되는 것이 바로 빈티지의 매력이다.

* 콩콩 씨에게 빈티지란? '추억과 이야기가 있는 낡고 오래된 물건'으로 지극히 주관적인 정의를 내렸다.

01 미국의 유명 작가가 자신이 평생 써 오던 타자기를 경매에 내놓으며 유명해진 올리베티 레테라 32
02 오래된 농가인 이 집으로 이사 와서 창고에서 발견한 앤티크한 문양이 아주 예쁜 초록색 재봉틀
03 70~80년대 생산된 민트 컬러의 부라더 손틀 재봉틀. 부라더 센터에서 사용 가능하도록 수리도 해 준다니 조만간 고쳐서 사용해 볼 생각이다.
04 90년대 초에 생산된 것으로 보이는 우리나라 금성의 토스터기. 다홍색에 하얀 꽃무늬가 아주 예쁘다. 전선이 낡아서 장식으로만 가능하다.
05 제너럴 일렉트릭 사General Electric Co의 빈티지 라디오다. 같은 모델이 거의 없어 몸값이 비싸다.
06-07 녹슨 것에 상관없이 그림과 모양이 예쁘면 모으고 있는 빈티지 틴 케이스들. 장미와 바이올렛 팬지가 예쁜 원형 틴 케이스와 제비꽃이 그려진 사각 틴 케이스
08 녹슬어도 좋은 커피 깡통
09 꽃을 좋아하는 지라 꽃이나 가드닝 관련 빈티지 책도 소소하게 모으고 있다.
10 트렁크에 그려진 그림처럼 해랑이도 자신의 트렁크에 아끼는 물건들을 챙기곤 한다. 공감이 가는 그림에 빈티지 쇼핑몰에서 구입한 것이다.
11 고물상 아저씨에게 천 원주고 샀다는 스툴을 지인이 인심 쓰며 주었다. 지저분했던 다리를 다시 칠하고 일부러 벗겨 내어 빈티지한 멋을 살려 주었다.
12 역시 지인이 주워다 준 유아용 작은 의자. 차가운 느낌의 스테인리스 다리를 민트색으로 화사하게 칠해 주었다. 앉는 부분의 낡은 느낌은 그대로!

실제 사용이 가능한 빈티지 아이템

01 어렸을 적 엄마가 찬장 안에 차곡차곡 쌓아 두었던 살림살이를 자랑하시던 날은 엄마의 계모임. 그때 등장했던 엄마의 접시들이다. 지금은 나에게로 와서 티타임에 예쁘게 사용되고 있다.
02 개나리꽃 노랑 색감에 절로 기분이 좋아지는 파이어킹 머그. 살짝 금이 갔지만 새진 않아서 커피를 마실 때 즐겨 사용한다.
03 친한 언니가 친정 찬장에서 가져왔다며 선물해 준 나리꽃 그림이 예쁜 국산 밀크글라스
04 역시 엄마의 찬장에서 얻은 찻잔. 농사일로 바쁘신 엄마였지만 구역예배를 볼 땐 최고로 예쁜 그릇과 찻잔을 꺼내셨다.
05 화려한 닭 그림이 예뻐서 구입한 법랑 주전자. 뚜껑의 유리 손잡이가 깨져서 겨울철 난로 위에 올려 물을 끓이며 가습기처럼 사용한다.

06 디자인과 색감에 반한 금성 선풍기. 목이 긴 선풍기만 보다가 그 옛날 이런 디자인이 있었다는 게 놀라울 따름이다. 딸아이가 자신의 책상 앞에 두고 사용하고 있다.

07 뚜껑이 있는 빈티지 캐니스터. 딸아이는 여기에 자신만의 캔디를 넣어 두었다.

08-10 스탠드를 좋아해서 하나씩 구입하게 된 빈티지 아이템으로 3개 모두 사용하고 있다.

11 심플한 북유럽 패턴과 시원한 블루 색감에 반해서 산 일본 빈티지 보온병이다. 용량이 커서 소풍 갈 때나 여러 명의 손님이 올 때 차 대접에 사용한다.

12 남편이 총각 시절 때 사용했던 다리미인데, 지금은 내가 바느질할 때 사용하고 있다.

13 80년대 미국에서 생산된 토스터기로 거의 새 제품이나 같다며 아는 동생이 박스 채 선물했다. 지금도 변압기만 연결하면 사용이 가능해 우리 집 아침의 토스트를 책임지고 있다.

우리 가족의 추억이 담긴
빈티지 만들기

빈티지가 좋아지게 되면서 현재 필요해서 사야 할 물건에도 나름의 계획이 생겨났다.
지금 사용하고 있는 물건들을 아이들이 성인이 되었을 때 물려준다면 우리만의 추억이 고스란히 담긴 빈티지가 될 수 있겠다 싶은 것이다. 그러다 보니 물건을 고르는 데에 좀 더 신경을 쓰게 되었다. 당장 저렴하거나 편리한 기능만을 찾기보다는 물려줄 때까지 고장나지 않고 사용할 수 있을지, 디자인은 오랜 시간 유행을 타지 않고 베이직하며 클래식한 것으로 다시 한번 고민을 하게 된다. 아이들 옷을 만들던 재봉틀도, LP음악을 듣던 턴테이블도, 주파수 돌려 가며 듣는 라디오도, 아이들이 컸을 때 엄마 손때 묻은 그대로 자신들의 성장 이야기가 담긴 추억으로 남아 계속 이야기를 이어갈 것이다.

결혼기념일을 핑계 삼아 남편과 나를 위한 선물로 구입하게 된 턴테이블. 빈티지 디자인으로 생산된 크로슬리 제품이다. 남편은 짱짱한 스피커를 아쉬워했지만 나는 복고풍 디자인에 만족했다.

턴테이블과 LP

지난 가을 아이와 함께 구경 간 동묘 벼룩시장에서 오래전 즐겨 듣던 비틀즈 음악을 다시 만났다. 마침 내리고 있던 가을비 때문이었을까? '지지직' 소리와 함께 흘러나오던 비틀즈의 음악에 옛 추억들이 떠올랐다.
풀벌레 소리가 가득했던 가을밤, 우리 가족은 벼룩시장에서 사 온 LP판을 빨간 턴테이블에 올렸다. 뾰족한 바늘 끝이 까만 둥근 판 위에 올려지자 지지직거리는 잡음과 함께 비틀즈의 기타 소리가 낮게 흘러나온다. 아이는 처음 보는 턴테이블을 신기해 했고, 우리 부부는 아날로그 선율에 환호했다.

인도 여행에서 찾은 빈티지가 될 아이템

01 **복고풍의 보온병** 인도거리에서 차이Chai를 만드는 청년이 갖고 있던 보온병을 보고 인도의 로컬 시장을 수소문해서 구입했다. 어렸을 때 사용하던 보온 도시락을 닮았는데 안쪽은 스테인리스로 되어 있어 위생적이다. 몇 개 더 갖고 싶어 지난해 다시 인도를 갔을 때 찾아보았는데 이제는 스테인리스 상품만 나온다고 한다. 꽃무늬는 다이소에서 구입한 시트지로 리폼한 것이다.

02 **레트로풍 컵과 캐리어 세트** 차이를 배달할 때 사용하는 미니 캐리어라고 한다. 시장에서 함께 구입한 레트로풍 컵세트와 맞춤 같다. 컵 대신 유리병을 꽂아 식물을 장식하기에도 좋겠다고 하니 해랑이는 플라스틱 컵을 꽂아 학용품을 정리하겠다고 한다.

03 **오일 램프** 오래된 영화에서나 봄직한 오일 램프. 인도에서는 아직도 실제로 사용한다. 비 오는 날 램프를 켜면 흔들리는 불빛의 은은한 분위기가 참 좋다.

04 **우유통** 아날로그한 디자인도 맘에 들고, 꽃을 꽂으면 좋을 것 같아서 몇 개 사 온 아이템. 이제는 인도에서도 스테인리스와 플라스틱으로 많이 바뀌었다. 데크에 두고 꽃을 꽂을 때 주로 사용한다.

05 **촛대** 기둥은 나무로 되어 있고, 위아래는 황동으로 된 촛대다. 멋진 유물같은 느낌의 황동 촛대에 초를 켜는 재미가 쏠쏠하다.

06 **퀼팅 트렁크** 염색 원단에 색실을 한 땀 한 땀 퀼팅해서 만든 인도 분위기가 물씬 나는 트렁크다. 보고 있으면 자꾸만 여행을 꿈꾸게 하는 세상에 하나뿐인 핸드메이드 여행 가방이다.

07 **쿠키 틴 상자** 인도의 대형상점에서 유통기한을 앞두고 75% 세일로 판매하던 쿠키 틴 상자들이다. 자잘한 바느질 소품들을 담아 두는데 쓰고 있다.

성질 급하기로 치자면 둘째가라면 서러운 여자가 바로 나다. 그런 내가 손으로 만들어 사용하는 핸드메이드를 좋아하고, 불편하지만 아날로그 방식의 빈티지 제품들을 사용하고 있다.
누군가 사용했던 것이라고, 너무 낡았다고 사용할 수 없는 것은 아니다. 나는 생활 속 빈티지가 좋아 일부러 실사용이 가능한 빈티지를 찾기도 한다.
빠르게 빠르게 변화하는 디지털 시대에 일부러라도 천천히 가고 싶은 아날로그 라이프!

좋아해, 바구니
i like basket

내가 좋아하는 인테리어 아이템 중에 빠질 수 없는 게 바구니다.
바구니는 자체로 장식이 될 뿐 아니라 수납하기에도 좋아서 즐겨 사용한다.
빈티지 바구니들은 희소성 때문에 가격이 많이 비싼 편인데,
요즘 나오는 것도 잘 고르면 쓰면서 더 멋스러운 바구니가 될 것이다.

01 오사카 여행 중 4월에 열리는 벼룩시장에서 구입한 바구니. 조직이 짱짱하고 빈티지한 카키색의 느낌이 좋다.
02 담양에서 구입한 사각 대바구니. 바느질거리를 넣기도 하고, 나들이 갈 때 피크닉 바구니로도 사용한다.
03 바닥은 좁고 입구는 길게 뻗은 디자인이 독특해서 일본에서 구입한 바구니다.
04 들꽃을 담으면 예쁠 것 같아 화가의 집에서 구입한 영국 빈티지 바구니다.
05 꽃무늬가 마치 수놓은 듯 예뻐서 남원 여행길에 구입한 바구니. 뚜껑이 있어 깔끔하게 수납할 수 있다.
06 일본에서 구입한 굵은 짜임의 사각 바구니. 여름엔 리넨 클로스 깔고, 투명한 유리컵을 담으면 기분마저 시원해질 것 같다.
07 프랑스 빈티지 제품과 비슷하게 생겨 다들 빈티지로 오해하는 이 바구니는 오래전 이마트 자연주의에서 저렴하게 구입한 바구니다.

누군가에겐 고물, 나에겐 보물!
글자 하나 차이로 대우가 달라진다.

어린 아이가 있는 부모라면,
화초를 좋아하는 사람이라면,
누구나 한 번쯤 꿈꿔봤을 마당 있는 집.
마당 있는 집에 살고 있는 나는
참 행복한 사람이다.

취미의 발견
여섯

GARDENING

마당에서의 즐거운 놀이 | 가 드 닝

길고 긴 겨울이 지나고 나면 2월부터 이른 봄을 준비한다. 마당에 봄기운이 돌기에는 아직 멀었지만 가만 있지 못하고 참새 방앗간처럼 화원으로 들락날락한다. 프리뮬러 화분도 사고, 무슨 색의 꽃이 필지 모르는 히야신스도 몇 개 골라와서는 토분에 옮겨 심고 창가에 올려 둔다. 그렇게 화원에서 미리 봄을 옮겨 놓으며 설레발치다 보면 어느새 마당 한 귀퉁이가 소란스러워지기 시작한다. 귀여운 새싹들이 쫑긋쫑긋 기지개를 펴며 제대로 된 봄 인사를 시작하는 것이다.

추위가 채 가시기 전 3월의 첫 날,
들썩들썩 가만 있지 못하고 서울에서 봄맞이를 왔다.
커다란 토분에 튤립, 무스카리, 후리지아, 프리뮬러를 모아 심으며
다정한 모녀에게 이른 봄을 선물한다.

긴 겨울 보낸 나에게 주는 선물

화분 분갈이 하는 법

꽃집에서 사 온 플라스틱 화분에 담긴 꽃이나 식물은 이미 화분에 꽉 차게 자라있기 때문에 흙에서 영양 섭취가 부족한 상태다. 식물에 맞는 적당한 크기의 화분으로 옮겨 키워야 양분 흡수를 잘해 식물이 잘 자랄 수 있다.

재료
꽃, 화분, 배수망, 마사토 또는 바크, 배양토, 꽃삽

1. 분갈이를 해서 심을 화분에 배수망을 잘라 배수 구멍 위에 올린다. (배수망이 없을 경우 양파망을 대신할 수도 있다.)
2. 마사토나 배수가 좋은 바크(나무 껍질)를 이용해 화분 아래 깔아 배수층을 만든다.
3. 그 위에 배양토를 화분의 깊이에 따라 1/3~2/3 정도 높이로 바닥 흙을 깔아 준다.
4. 분갈이 할 화분을 손으로 살살 누르거나 '탁탁' 쳐서 공간이 생기게 한 다음 천천히 잡아당겨 식물을 빼낸다.
   (이때 식물에 붙은 흙은 털어내지 말고, 엉켜있는 긴 뿌리와 썩은 뿌리만 조금 잘라 낸다.)
5. 옮겨 심을 화분 위에 올리고, 식물의 옆 빈 공간에 꽃삽을 이용해서 나머지 흙을 꼼꼼히 채워준다. (이때 흙을 너무 꾹꾹 눌러 채워도 안되고, 너무 헐겁게 채워도 안되므로 공기가 적당히 통하도록 채운다.)
6. 물을 줄 때 흙 물이 넘치지 않도록 흙 위로 바크나 이끼를 얇게 깔아도 된다.
7. 분갈이가 끝난 후엔 흙이 충분히 젖도록 물을 주고, 직사광선을 피해 두도록 한다.

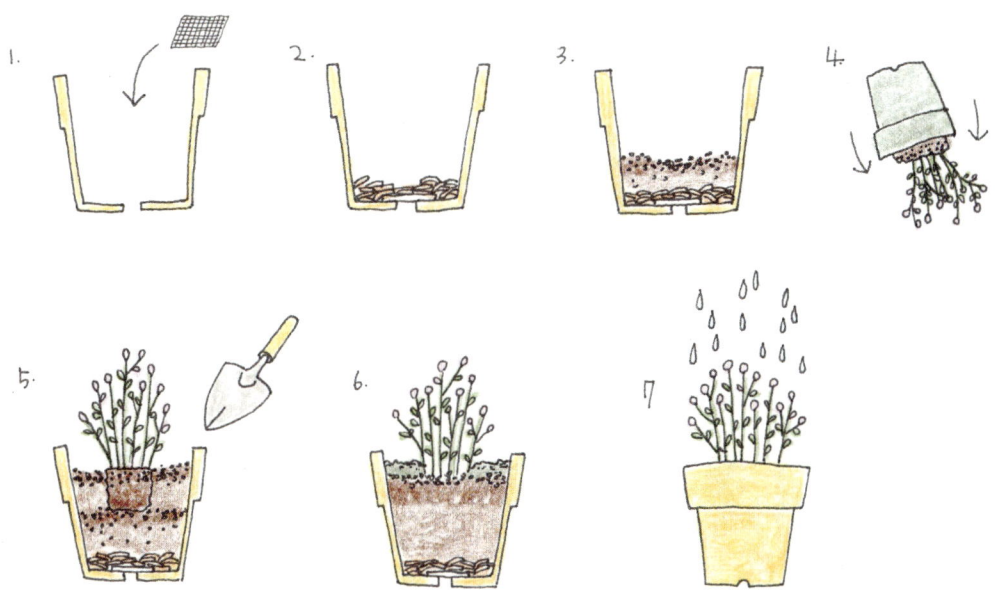

마당 일에 필요한 도구들

발목 긴 장화, 물조리개, 장갑, 전지가위, 모종삽
흙 담는 바스켓 또는 넓은 대야, 창 넓은 모자

손바닥만한 마당에 앉아서 자라난 풀을 뽑으며
바쁜 일상에 잠시 잊었던 꽃 하나하나에 눈을 마주친다.
꽃들을 바라보며 마음 속 깊은 곳으로부터 전해져 오는 감동과 행복감은
화분에 몇 포기 키운 화초든, 마당에 꽃밭을 만들어 키우든
정원의 크기에 상관없이 한 번쯤은 느껴 봤음직하다.
정원이 나를 치유한다는 말… 매일매일 느끼며 살 수 있어 행복하다.

오렌지카운티의
제라늄과 토분

병충해에도 강하고, 한겨울에도 얼지 않게 조금만 관리해 주면 일년 내내 예쁜 꽃을 피우는 제라늄은 내가 참 좋아하는 꽃이다. 소박한 토분과도 가장 잘 어울리는 꽃이기도 하다.

제라늄엔 특유의 진한 냄새가 있어 싫어하는 사람들도 있는데, 오히려 그 특유의 냄새로 인해 모기나 벌레 퇴치 효과가 있다고 한다. 여름이면 모기가 아주 극성인 오렌지카운티 우리 집, 그래서인지 시골살이하면서 제라늄을 더 많이 키우게 된 것 같다. 제라늄은 유럽에서는 액운을 막는 꽃이라 하여 창문이나 테라스에 올려 바깥에서 들어오는 나쁜 액운을 막는데 쓰이기도 한다. 유럽의 마을을 찍은 영상이나 사진을 보면 집집마다 창가에 형형색색의 제라늄꽃이 흐드러져 있는 것을 쉽게 볼 수 있다.

지난해 겨울, 인도 여행으로 잠시 자리를 비운 사이 《시골 낭만 생활》 출간을 축하한다며 야생화 전문 선생님이 전해 주고 가신 화분. 오래된 토분에 목질화가 될 정도로 정성껏 키운 제라늄. 추운 겨울 지내고, 올봄 얼마나 많은 꽃을 피웠는지…두고두고 감사한 선물이다.

제라늄 *Geranium*

'구문초'라고도 불리며, 쥐손이풀과의 관상용 여러해살이풀로 남아프리카가 원산지이다. 잎사귀는 둥근 심장 모양을 닮아 있으며, 종류에 따라 30cm~1m가 넘게 자란다. 봄과 여름에만 꽃을 피우는 종부터 사계절 내내 꽃을 피워 올리는 종까지 그 종류가 수백여 종에 달할 만큼 다양하다. 잎은 잘 말려서 포푸리나 목욕재로도 사용이 가능하고, 꽃은 샐러드나 차로도 이용이 가능하다. 이 예쁜 꽃의 꽃말은 '그대가 있어 행복이 있다'라고 한다.

콩콩 씨가 좋아하는 제라늄

애플 제라늄 줄기에서 달콤한 사과 향이 나서 붙여진 이름이다.
로즈 제라늄 잎과 줄기에서 장미 향이 난다고 하여 로즈 제라늄이라고 한다.
리틀 레이디 제라늄 키도 작고, 꽃도 작아서 리틀 레이디로 불린다. 색상에 따라 스칼렛, 체리, 핑크, 캔디, 라이트, 바이칼라 등으로 나뉜다.
쇼케이스 다크 살몬 말 그대로 진한 살구색의 꽃을 피우는 제라늄이다. 같은 종류에서 연한 살구색의 꽃은 라이트 살몬이다.
아이비 제라늄 덩굴처럼 늘어지는 아이비 잎사귀를 닮아 아이비 제라늄으로 불리며, 아이비처럼 행잉 화분으로 많이 사용된다.
아리스토 라벤더 보라색 꽃잎이 라벤더 꽃색을 닮았다 하여 붙여진 이름이다.

좋아해, 꽃
i like flower

01 **삼색제비꽃(팬지)** 가만히 들여다보면 사람의 얼굴 같아 보이는 꽃이다. 제비꽃 종류를 좋아해서인지 몇 가지 얼굴 컬러를 찾아 봄이면 모아 심기를 한다. 02 **앵초** 이른 봄 잔털이 있는 여린 잎이 딱딱한 땅을 뚫고 올라오는 모습에서 '꼬마 천하장사'라고 별명을 붙여 주었다. 새잎 사이로 꽃줄기를 올려 줄기 끝에서 사랑스런 분홍 하트 모양의 꽃을 피운다. 다섯 개의 꽃잎이 어찌나 사랑스러운지, 번지기도 잘해 매해 봄이면 마당에 출석한다. 03 **물망초** 청보라빛 잔잔한 꽃잎이 사랑스러운 꽃으로 마당에서 월동이 가능하다. 04 **금낭화** 하트 모양의 귀고리가 조르륵 매달린 모습이 사랑스러운 꽃이다. 05 **꽃마리** 물망초보다 훨씬 작은 들꽃으로 자세히 보아야 보인다. 그리고, 자세히 보아야 예쁘다. 06 **수선화** 늦가을이나 초겨울에 땅에 심어 주면 추운 겨울을 나고, 다음 해 봄에 꽃을 피우는 구근식물이다. 꽃도 거의 한 달여를 가서 오래 볼 수 있다. 07 **빈카** 우리 집에서 이른 봄 가장 먼저 보랏빛 꽃을 피운다. 줄기가 땅에 닿는 대로 뿌리내리는 지피성 식물로 번지기도 잘해서 보랏빛 꽃에 반하는 이들에게 많이 나눠 주기도 했다. 08 **으아리(클레마티스)** 넓게 활짝 핀 꽃잎의 모습에 누구나 반할 만한 꽃으로 다양한 색을 가지고 있다. 덩굴식물로 생명력 강하다는 게 무엇인지를 보여 주는 꽃으로 타고 올라갈 수 있는 장치를 해 주면 좋다. 우리 집에선 마당 쪽 창가에 인동과 함께 자란다. 09 **목수국** 초록에 가까웠다가 점점 하얗게 변하며 만개하는 목수국이다. 여름에 꽃을 피우고, 늦가을 가지 끝에 매달려 연분홍 빛으로 마르는 모습도 예쁘다. 꽃송이 그대로 예쁘게 말라 드라이플라워하기에 좋다. 10 **백일홍** 어렸을 적 마당에서 보았던 소박한 꽃들이 좋아 해마다 잊지 않고 씨앗을 뿌리고 있다.

11 **델피늄** 청보라의 꽃과 시원하게 뻗는 키가 마음에 드는 꽃으로 마당에 한 번씩 등장해 준다. 12 **디기탈리스** 타샤 할머니의 정원 사진에서 보고 반해 몇 해 동안 심었었다. 13 **붓꽃**(아이리스) 고흐의 '아이리스' 그림을 보고 꼭 마당에 심어 보고 싶었던 꽃 중의 하나였다. 초록의 뾰족한 잎사귀와 보랏빛 꽃이 참 좋은 대비를 이룬다. 14 **백합**(모나리자) 백합에도 여러 가지 종류가 있는데, 이 꽃은 사랑스러운 분홍 볼에 빨간 주근깨를 가진 향이 진한 참 매력적인 모나리자 백합이다. 15 **쑥부쟁이** 가을이면 보랏빛 들꽃이 좋아 일부러 마당에서도 번지길 기대하며 씨앗을 뿌려 주었다. 16 **채송화** 꽁지 씨가 좋아하는 꽃이라고 매년 심어 주는 채송화. 번식도 잘하고 다음 해도 계속 만날 수 있다는 채송화지만 어찌된 게 우리 집에서는 한해살이 꽃이다. 17 **풍선덩굴**(풍선초) 아주 조그만 하얀 꽃과 시원스런 덩굴, 풍선처럼 동그랗게 부풀어 오르는 열매와 그 안의 하트 모양 씨앗까지 다 예쁜 식물이다. 1년생이므로 씨앗을 잘 받아 두었다가 봄에 다시 심으면 여름에 꽃이 피고 열매가 열린다. 18 **루드베키아** 여름철 시골길을 가다 보면 흔하게 볼 수 있는 꽃으로 어느 해 길에서 씨앗을 받아 마당에 뿌렸더니 6월이면 반가운 인사를 한다. 19 **에키나시아** 루드베키아와 생김새가 비슷하나 꽃잎이 뒤로 젖혀지는 게 특징이며, 색깔도 핑크나 자주빛을 띤다. 꽃도 오래가고 무엇보다 월동이 가능해서 좋다.

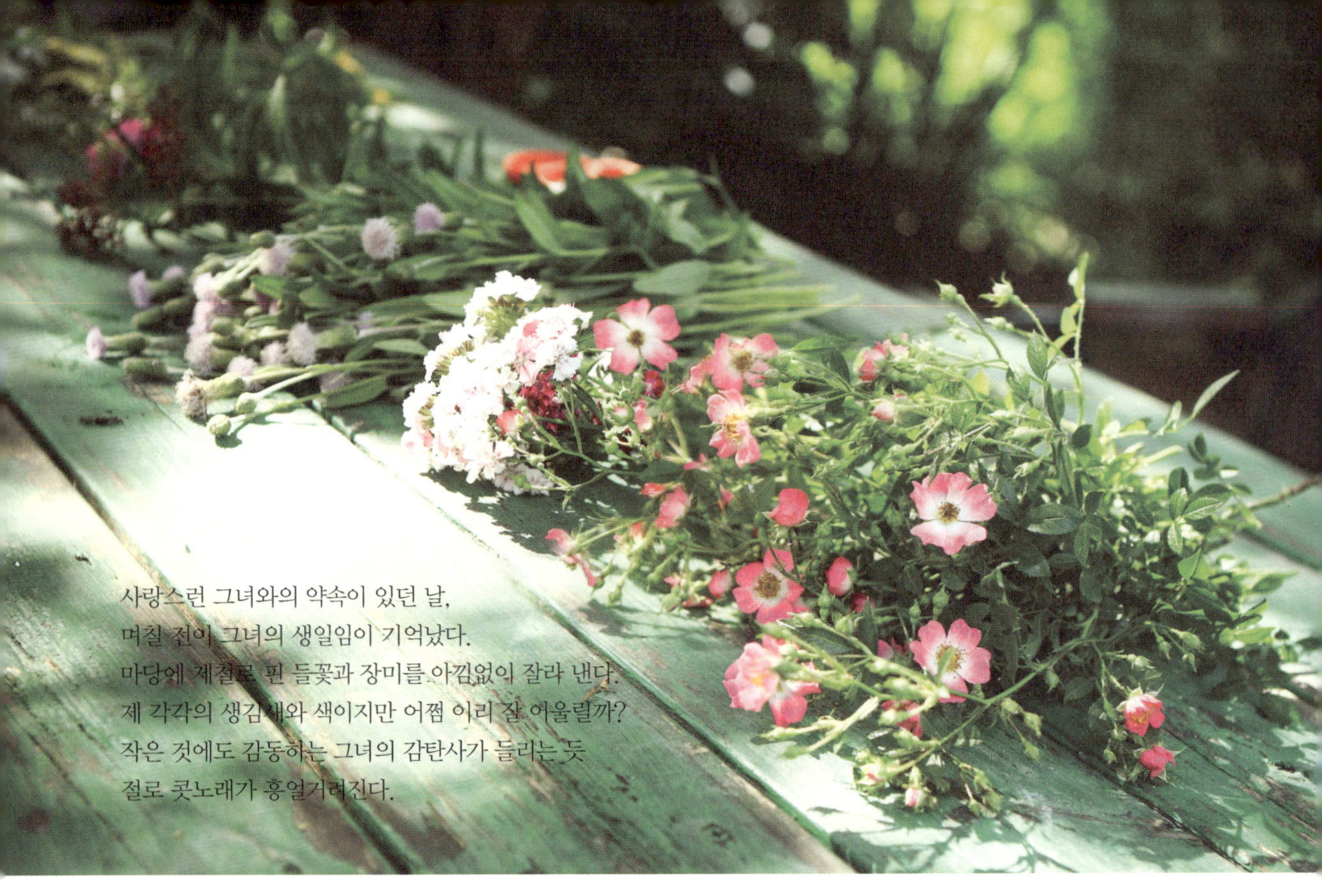

사랑스런 그녀와의 약속이 있던 날,
며칠 전이 그녀의 생일임이 기억났다.
마당에 제철로 핀 들꽃과 장미를 아낌없이 잘라 낸다.
제 각각의 생김새와 색이지만 어쩜 이리 잘 어울릴까?
작은 것에도 감동하는 그녀의 감탄사가 들리는 듯
절로 콧노래가 흥얼거려진다.

01

02

03

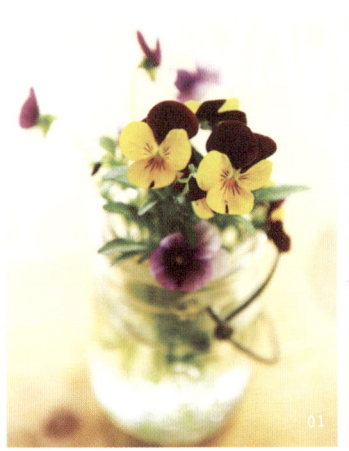

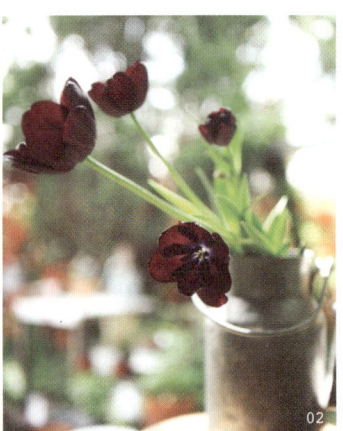

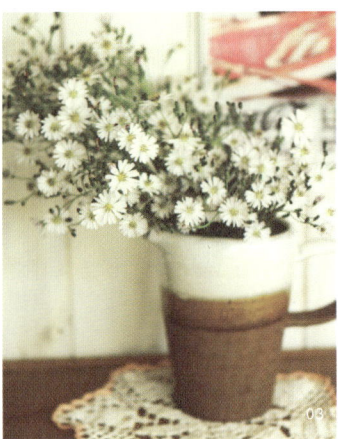

내 마당에서 자란 꽃으로 내 가족을 위해 꽂은 꽃.
나는 우리 마당의 정원사이자, 우리 가족의 플로리스트이다.

01 화분으로 키우는 작은 꽃도 가끔은 유리병에 꽂아 즐긴다. 삼색제비꽃은 언제나 좋다.
02 지난 겨울 구근으로 심었던 튤립이 매혹적인 컬러로 피어났다.
03 하얀 씀바귀꽃이 마당 가득이다. 아낌없이 꺾어와 도자기 저그에 꽂아 즐긴다.
04 5월, 하얀 찔레꽃 향이 마당에 진동할 때면 향긋한 봄날의 티타임을 즐겨 본다.

자연에서 난 소재로
리스 만들기

크리스마스가 다가오니 창가에 걸어 둘 리스 하나 만들어야겠다 싶다. 장갑을 끼고 전지가위 하나, 바구니 하나를 들고 리스 만들 소재를 찾아 산책을 나섰다. 우선 리스 틀로 쓸 수 있는 덩굴이 있으면 좋은데 마침 지난 여름 보아 둔 다래덩굴이 떠올랐다. 봄엔 하얀 꽃을 피우고, 여름엔 초록 잎사귀로 싱그러운 풍경을 만들어 주던 다래덩굴은 겨울이라 무성하던 잎은 모두 떨어지고 없지만 나무를 휘감은 채 올라간 모양새가 눈여겨 보아 둔 다래덩굴임이 틀림없다. 돌돌 말려 있는 덩굴을 조심스레 돌려 길게 풀어낸 다음 밑 부분을 잘라 낸다. 근처에서 주홍빛 까치밥 열매와 빨간 찔레 열매도 발견하고, 커다란 소나무 아래 떨어져 있는 솔방울이랑 도토리 뚜껑도 조금 주워 바구니에 담았다.

코끝에 닿는 공기가 알싸하지만 바구니 가득 담긴 자연 소재들을 보니 돌아오는 발걸음이 마냥 가볍다. 마음이 들떠 얼른 만들어 보고 싶다.

예쁜 모습 그대로 잘 마른 꽃이며 알록달록 털실이랑 장식에 보탤 몇 가지 소품들을 찾아 테이블 위에 모두 꺼내 놓으니 호기심 많고 창작욕은 엄마 못지 않은 딸아이가 금세 눈을 반짝이며 같이 만들자 나선다.

기존에 리스가 어떻다 보아 둔 이미지가 따로 없으니 딸은 오히려 나보다 훨씬 자유롭게 소재를 활용해 그녀만의 재기 발랄한 리스를 금세 뚝딱 만들어 냈다.

딸아이와 만들어 본 리스가 생각보다 자연스럽고 예뻐서 지난 가을 마당에서 가졌던 《시골 낭만 생활》 출간기념회 준비에 발벗고 나섰던 언니들을 불러 잠시 겨울 낭만을 즐겼다. 다래덩굴 몇 가지만 잘라도 근사한 리스를 만들 수 있는 리스 틀의 소재가 된다. 기다란 덩굴은 힘들이지 않고 동그랗게 모양 잡기도 편했고, 인위적이지 않은 자연스러움이 더 친근하고 따뜻하게 다가왔다.

늦가을 리스로 만들었던 다래덩굴일까?
겨우내 감나무를 칭칭 감고 있던 덩굴을 정리해 주고,
두어 가닥 잘라 화병에 꽂아 놓았더니
메마른 덩굴에서 이렇게 여린 초록의 새순이 돋아났다.
참 강한 생명력이다. 참 아름다운 풍경이다.

취미의 발견
일곱
—

COFFEE

하루를 시작하는 향기로운 의식 | 커 피

마당이 온통 붉은 단풍으로 가득하다. 이른 아침 공기가 조금 차가운 듯하나 아직은 상쾌한 11월의 아침이다. 아이들 등교시키고 돌아와 어김없이 커피 한 잔을 내린다. 포트에 물을 올려 놓은 후, 나지막이 라디오 음악을 켜고 잠시 마당을 내다본다.

가을이 절정으로 치닫고 있다. 뜨거운 물줄기를 타고 내려지는 커피는 향으로 먼저 음미하고, 빈티지 찻잔에 따른 커피를 눈으로 음미하며, 마지막으로 입안으로 부드럽게 넘어가는 커피를 맛으로 음미한다. 11월의 향기로운 아침, 오늘도 아침을 여는 커피 의식과 함께 나의 하루가 시작된다.

"맛있는 커피 만드는 법을 가르쳐 줄까요?"

어느 날 사치에가 운영하는 식당에 찾아온 핀란드 남자가 커피를 내리는 사치에에게 말을 건낸다.

사치에는 엉겁결에 고개를 끄덕인다.

주방으로 들어간 그 남자는 몇 스푼의 커피를 드리퍼에 옮겨 담고

검지 손가락을 가운데 꾹 넣어 눌러 주며 주문을 외운다.

"커피 루왁"

"코피 루왁"

사치에는 자신도 모르게 그 주문을 따라 한다. 맛있는 커피를 내리는 주문 "코피 루왁"

평범한 일반 커피를 순간 최고급 인도네시아 사향 커피 '루왁'으로 바꿔 주는 주문이다.

핸드드립하다

2007년 영화 [카모메 식당]을 보고 나서부터 핸드드립Hand Drip하는 커피를 배우고 싶었다. 영화를 보는 내내 유난히 많이 나오는 주인공 사치에의 핸드드립 장면. 사치에가 마음을 담아 '코피 루왁'이라는 주문을 걸어 정성스럽게 내리는 그 장면이 참 인상적이었다. 드립에 온전히 집중하며 정성을 담아 누군가를 위해 내리는 커피의 맛은, 휘리릭 한 번 저으면 되는 봉지 커피보다는 확실히 감동일 것 같았다. 커피는 어쩌면 마음을 내리는 것인지도 모른다는 생각이 들었기 때문이다.

핸드드립에 필요한 커피 용품들

핸드드립의 유래는 독일에서 시작되었다고 하나, 핸드드립의 유행을 이끈 것은 일본이라고 한다. 대부분의 일본 가정에서 핸드드립 용품을 갖추고 있을 만큼 일본에서는 대중적이라고 한다. 그로 인해 칼리타, 고노, 하리오와 같이 국내에 알려진 핸드드립 용품들은 대부분 일본 회사의 제품들이다. 핸드드립은 원두에 따라, 드립 방법에 따라, 기구에 따라 맛의 차이가 확연히 드러나고 기구들도 소재에 따라 가격이 천차만별이다. 그중 초보자들이 사용하기엔 칼리타의 보급형 제품들이 무난해서 나 또한 입문부터 지금까지 잘 사용하고 있다.

01 **로스팅 된 원두** 원두를 직접 로스팅까지 할 수도 있으나, 인터넷을 이용하면 갓 볶은 원두를 산지별로 구입할 수 있다.

02 **칼리타 돔 핸드밀** 원두를 분쇄하는 기구이다. 전동밀도 있지만, 손으로 '드르륵드르륵' 소리 내며 가는 것이 좋아서 사용하고 있다. 원목 제품으로 세척이 불가능하지만 디자인이 앤티크해서 멋스럽다. 가끔 쌀을 넣어 갈면 청소에 도움이 된다.

03 **커피 필터** 드립시 커피를 담아 물을 걸러 내는 여과지이다. 드리퍼의 종류에 따라 필터의 종류도 달라진다.

04 **칼리타 세라믹 드리퍼** 칼리타 도자기 제품으로 추출하는 동안 열을 일정하게 유지시켜 주며, 플라스틱과는 달리 환경호르몬에 대한 걱정이 없어 안전하다. 물구멍이 3개로 물빠짐이 빠른 것이 특징이다.

05 **펠리칸 드립포트** 법랑 제품으로 보온성이나 내열성이 좋다. 물줄기 입구가 좁게 모아져 있어 가는 물줄기 드립을 할 수 있다. 무엇보다 빨간색의 법랑이 보기에 멋스럽다.

06 **칼리타 호소구치 드립포트** 핸드드립시 물줄기 연습용으로 가장 많이 사용되는 포트로 물줄기 조절을 다양하게 활용할 수 있다. 스테인리스 재질로 녹이 잘 슬지 않는다.

07 **칼리타 드립서버** 드립시 커피를 받아내는 서버이다. 내열 유리로 열에 강하며 직화가 가능하다. 드립하기 전 뜨거운 물로 한 번 헹궈 예열해 사용하면 좋다.

08 **도자기 머그** 집에서 1~2명이 마시기엔 정식 서버 대신 이런 저그형 머그를 이용해도 상관없다.

* 처음 드립 입문시 용품들을 제대로 다 갖춰 정식의 방법을 고수하게 되지만 형식에 구애받으면 핸드드립을 멀리할 수도 있다. 맛도 맛이지만, 자신에게 맞는 용품과 방법을 찾아 적당히 여유롭게 즐기는 것도 중요하다.

핸드드립 커피 추출법

1 핸드밀에 로스팅 된 커피 원두를 적당량 넣고 간다.
   (원두는 내리기 직전에 필요한 양만 갈아 쓰며, 너무 곱거나 굵게 갈리지 않게 중간 정도의 곱기로 가는 것이 중요하다. 너무 곱게 갈면 커피 본연의 맛을 잃거나 쓴맛이 날 수 있고, 너무 굵게 갈면 커피 맛이 연하게 내려질 수 있다.)
2 서버 위에 드리퍼를 올린다.
3 드리퍼 위에 커피 필터를 접어 끼운 뒤, 필터 안에 분쇄된 원두(1인 기준 10g)를 넣는다.
4 끓인 물을 드립용 포트에 담고, 원두 위로 시계방향으로 원을 그리듯 천천히 부어 준다.
5 원두가 봉긋 부풀어 오르면 그 상태에서 30초 정도 뜸을 들인다.
   (신선한 원두일수록 마치 머핀이 만들어지는 것처럼 봉긋 부풀어 오른다.)
6 솟았던 커피 가스가 내려앉을 즈음 다시 물을 부어 3~4회 반복해 준다. (추출한 커피가 진하다면 따뜻한 물을 부어 기호에 맞게 희석시켜 마셔도 된다.)

핸드밀로 '드르륵드르륵' 커피콩 가는 소리가
어린 시절 시골집의 미닫이문 여닫는 소리마냥 정답게 들린다.
커피콩이 갈리며 베어 나오는 진한 향기는 온 신경을 집중시킨다.
뜨거운 물을 부어 드립을 할 때면 동그랗게 커피 빵이 부풀어 오르고,
봉긋하게 솟아 오른 커피 빵을 볼 때면
덩달아 내 마음도 부풀어 오르는 듯 설레인다.
공간 가득 신선한 커피 향이 가득하고, 나는 금세 그 향에 취하고 만다.
핸드드립으로 내리는 커피는 누군가를 위해 내릴 때도 좋지만,
과정 과정을 누리면서 나를 위해 내리는 그 시간도 참 좋다.
내가 핸드드립에 빠질 수 밖에 없는 이유들이다.

케멕스 클래식 *Chemex Classic*

잘록한 허리에 멋스러운 우드 핸들로 클래식한 느낌이 물씬 나는 케멕스 서버이다. 드리퍼와 서버가 일체형으로 케멕스만의 에어로드를 갖고 있어 외부와의 공기 유입을 차단해 커피를 내리면 쓴맛은 없어지고, 향은 그대로 남는 것이 특징이다.

반원형 필터 접는 법

케멕스는 케멕스 전용 필터를 사용하는데, 원형과 반원형, 사각 필터가 있어 서버의 종류에 맞춰 사용하면 된다. 케멕스 필터에는 보리 성분이 있어 커피의 잡맛을 걸러 준다. 원형과 사각 필터는 접혀 나오므로 사용시 모양 잡아 사용하면 된다.

1 반으로 접는다.
2 동그랗게 나온 부분을 안쪽으로 접어 넣는다.
3 다시 반으로 접고 동그랗게 만들어 준다.

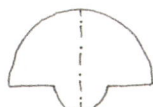 

케멕스 커피 추출법

1 드리퍼 안쪽에 분쇄된 원두를 넣는다. 끓인 물을 드립용 포트에 담고 원두 위로 천천히 부어 준다.
2 시계방향으로 원을 그리듯 천천히 부어, 원두가 봉긋 부풀어 오르면 그 상태에서 30초 정도 뜸을 들인다.
3 솟았던 커피 가스가 내려앉을 즈음 다시 물을 부어, 3~4회 반복해 준다.

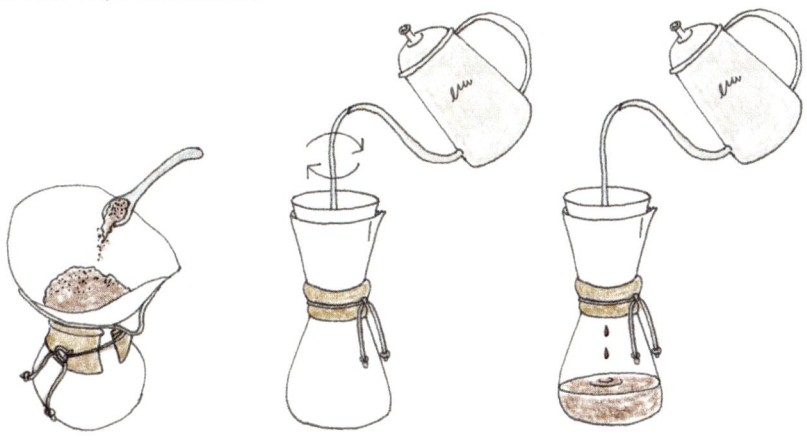

연탄난로에서 추출하는 낭만 모카포트

절대 미각의 소유자는 아니지만 어쨌든 풍부한 맛과 향에 핸드드립 커피를 즐긴다. 단, 마루에 연탄난로를 들인 겨울에는 핸드드립보다는 모카포트 커피를 애용한다. 빨갛게 달아오른 연탄 위에 모카포트를 올려 놓으면 커피가 끓어오르면서 생기는 연갈색의 크레마와 뜨거운 수증기를 내뿜으며 나는 '크학' 소리는 모카포트 커피의 즐거움이다. 모카포트에서 추출된 에스프레소로 만든 아메리카노나 부드러운 라떼 한 잔은 연탄난로에서 구워진 달콤한 군고구마와 함께 우리 집만의 겨울철 최고의 브런치다.

* 크레마Crema는 에스프레소 추출시 생기는 갈색의 크림을 말한다. 크레마는 신선한 원두에서 풍부하게 만들어진다.

모카포트 에스프레소 추출법

모카포트는 1933년 이탈리아의 알폰소 비알레티 *Alfonso Bialetti*가 처음 만든 것으로 포트에 물을 붓고 커피 가루를 채워 직화로 에스프레소를 추출할 수 있는 기구이다.

1. 모카포트의 상부, 하부, 필터를 분리해 하부의 물탱크에 물을 압력 밸브보다 낮게 채운다.
2. 분쇄된 원두를 필터에 꽉 채우고 평평하게 누른다.
3. 포트 하부에 필터를 끼우고, 상부를 단단하게 돌려 닫는다. (틈이 있으면 압력이 샐 수 있으므로 주의한다.)
4. 불 위에 올려 2~3분 정도 기다리면 포트 위에 김이 서리고 '치직~치익' 소리가 나면서 에스프레소가 추출된다.
5. 거품이 생기기 직전까지 추출하고 불에서 내린다.
6. 기호에 따라 물을 타서 아메리카노로, 우유를 넣어 라떼로, 아이스크림에 끼얹어 아포가토로 즐길 수 있다.

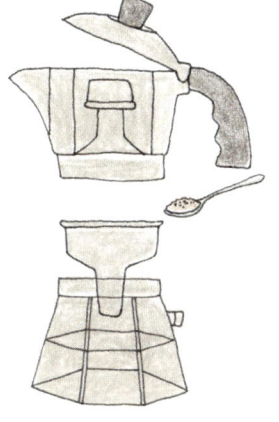

01 비알레띠 모카 크리스탈(4컵)
02 비알레띠 모카(1컵)
03 일사 슬란치오 스텐 모카포트(2컵)

퍼컬레이터 커피

퍼컬레이터Percolator는 원두 커피를 추출하는 커피메이커의 일종으로 위, 아래로 연결된 빨대 같은 관을 통해 끓는 물이 통과해서 윗부분의 커피 분말과 섞이면서 커피가 끓여지는 방식이다. 전기포트 형식도 있고, 캠퍼들에게 인기 있는 직화로 끓일 수 있는 퍼컬레이터도 있다. 일부 커피 전문가들은 끓이면서 커피 향이 다 날아가 버려 커피 본연의 맛이 사라진다고 퍼컬레이터 커피를 권장하지 않지만, 나는 우연한 기회에 퍼컬레이터 커피를 마셔 보고 다양한 빈티지 퍼컬레이터를 구입할 만큼 바로 마니아가 되어 버렸다. '보글보글' 소리와 함께 끓여지는 퍼컬레이터 커피는 차가운 가을 아침 집안의 공기를 데워주기에 제격이고, 전기포트라 리필해서 마시는 동안 따뜻한 온도를 유지해서도 좋다.

퍼컬레이터 커피 추출법

1. 퍼컬레이터 포트에 물을 넣는다.
2. 분쇄된 원두를 필터에 채우고 퍼컬레이터 안에 넣는다. (퍼컬레이터 사용시 원두는 중간 정도나 조금 굵게 가는 것이 좋다.)
3. 물이 끓으면서 관을 통해 올라온 뜨거운 물이 원두와 섞이면서 커피를 추출한다.

빈티지 퍼컬레이터 소개

퍼컬레이터 커피를 즐기기 위해 쓸만한 퍼컬레이터를 찾다가 발견한 캐나다의 전기식 퍼컬레이터 3종이다. 미국의 알루미늄 퍼컬레이터와 캠퍼들이 즐겨 쓰는 스테인리스 재질의 직화식 퍼컬레이터는 봤지만 전기식은 처음이라 선뜻 사지 못하고 망설이다가 구입하게 된 것이다. 디자인도 컬러도 모두 다르지만 이렇게 모여있으니 그 또한 어울리는 조합이다.

01. **노랑 퍼컬레이터** 디자인과 컬러가 맘에 들었지만, 바디가 플라스틱이라는 점에서 감점을 받은 제품이다. 아무래도 플라스틱으로 끓이는 건 찜찜해서 그냥 장식용으로 사용하고 있다.
02. **올리브 그린 퍼컬레이터** 빈티지한 느낌의 올리브 그린 컬러에 뚜껑 부분이 투명한 게 맘에 들어 구입했다. 투명한 뚜껑을 통해 커피가 끓여지는 과정을 볼 수 있어 좋았지만, 끓을 때마다 신경을 곤두서게 하는 위협적인 소리에 불안하고, 커피 맛 또한 쓴맛만 나고 향도 대부분 사라져 별로인 제품이다.
03. **브라운 퍼컬레이터** 사실 셋 중에서 가장 기대하지 않았던 제품인데, 제일 자주 사용하게 되었다. 보글보글 끓는 사용감도 적당하고, 커피 맛과 향까지 살아 있다.

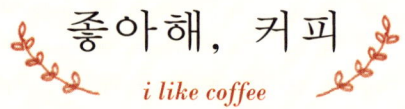

좋아해, 커피
i like coffee

카페가 부럽지 않은 에스프레소를 활용한 다양한 커피 즐기기

카페라떼 만들기	에스프레소 한 잔에 스팀 우유 거품을 부드럽게 해서 우유 거품을 얇게 올리면 카페라떼가 되고, 1㎝ 넘는 풍성한 우유 거품을 얹으면 카푸치노가 된다.
Latte	

마카아토 만들기
Macchiato

마키아토는 이태리어로 '점을 찍다'라는 뜻이다. 그럼 왜 점이 찍히는지 볼까?

a. 모카포트를 활용한 에스프레소 한 잔을 추출해 놓는다.
   (요즘 집에 에스프레소 머신을 갖고 계신 분들도 많은 것 같다.)
b. 우유에 스팀을 주어 부드럽게 만들어 준다.
c. 컵에 시럽을 1.5㎝ 정도 넣고, 2번의 스팀 우유를 7~8할 정도 부어준다.
   (나는 주로 헤이즐넛 시럽을 이용한다.)
d. a의 에스프레소를 스텐 저그에 담고, 에스프레소를 우유 사이로 부으면 바로 '마키아토' 점이 생긴다. 하얀 거품 위에 갈색 점 하나!
   (기호에 따라 생크림을 올려 마실 수도 있다.)

아포가토 만들기
Affogato

아포가토는 이탈리아어로 '끼얹다', '빠지다'라는 뜻으로 차가운 아이스크림 위에 뜨거운 에스프레소 원액을 끼얹은 것을 말한다. 달콤한 바닐라 아이스크림 위에 끼얹어진 쌉쌀한 커피를 작은 스푼으로 떠서 입에 넣으면 부드러우면서도 알싸하게 섞이는 그 맛이 환상적이다.

a. 먼저, 에스프레소 머신이나 모카포트를 이용해 에스프레소를 추출한다.
   (핸드드립으로 추출해도 무관하지만, 다만 물을 적게 해서 조금 진하게 내려야 한다.)
b. 바닐라 아이스크림을 두 스푼 동그랗게 떠서 컵에 예쁘게 덜어 놓는다.
   (콩콩 씨는 슈퍼에서 흔하게 살 수 있는 투게더 바닐라 맛 아이스크림을 자주 이용한다.)
c. 아이스크림 위로 방금 추출해 낸 뜨거운 에스프레소 원액을 원샷 붓는다.
   (여름엔 더치 커피를 이용해 시원하게 만들어 먹을 수도 있다.)

콩콩 씨가 추천하는 특별한 커피

케냐 AA 원두
Kenya AA

아프리카 케냐의 해발 1,500m~2,100m의 고지에서 생산되는 최고급 커피로 유럽인들이 가장 사랑하는 커피 중 하나라고 한다. 커피 향이 강하고, 단맛과 쓴맛, 신맛까지 풍부한 맛을 가지고 있다는 케냐 AA. 나 역시 처음 핸드드립을 배울 때 케냐 AA로 배워서인지 지금까지도 가장 좋아하는 커피이다. 바디감이 충만하다는 어려운 느낌도 케냐 AA를 통해서 좋은 원두가 가져다주는 입안의 묵직한 느낌을 어렴풋이 알게 되었다.

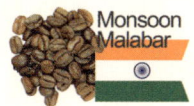
인도 몬순 커피
Indian Monsoon

몇 해 전 겨울, 인도에 갔을 때 커피 좋아하는 동생을 위해 언니가 알아 둔 인도 현지의 로스터리 가게에서 구입하여 맛 볼 수 있었던 인도 몬순 커피. 옛날 인도에서 생산된 커피가 배를 통해 유럽으로 운송하는 과정에서 몬순기의 다습한 바닷바람에 장기간 노출되어 배 안에서 자연스럽게 건조되면서 노르스름하게 변색된 것이 몬순 커피의 유래라고 한다. 특유의 향과 더불어 단맛과 구수한 맛이 동시에 느껴지는 특별한 맛으로 인해 현대 사회에서는 일부러 몬순(남서계절풍)을 이용해 건조하여 만든다고 한다. 인도 현지에서 직접 맛본 몬순 커피의 맛은 진하지 않은 구수한 숭늉 같은 맛이라고 할 수 있었다. 한국에서도 쇼핑몰을 통해 어렵지 않게 인도 몬순 커피를 구입할 수 있다.

더치 커피
Dutch Coffee

더치 커피는 뜨거운 물이 아닌 찬물을 이용해서 3~12시간까지 천천히 우려낸 커피를 말한다. 전용 기구에 분쇄된 원두를 넣고 아래로 한 방울씩 떨어지도록 해서 추출한 커피로 오랜 시간 우려내기 때문에 쓴맛이 덜하고 커피 본연의 향과 부드러운 풍미가 살아 있다. 특히 더치 커피는 일반 커피보다 칼로리와 카페인 함량이 낮다고 한다. 여름에 얼음을 넣어 시원하게 마시거나 아포카토를 먹을 때 에스프레소 대신 사용해도 좋다.

어반팟
Urban Pot

여러 종류의 다양한 맛의 커피를 즐기는 사람이라면 어반팟의 '이달의 커피 박스'를 신청하면 매달 다른 종류의 3가지 원두를 집에서 받아볼 수 있다. 한 종류의 커피를 즐기기보다는 다양한 추출 방식의 다양한 맛의 커피를 즐기기 위해 자주 애용하는 인터넷 쇼핑몰이다. 매달 선정되는 어반팟의 원두는 블라인드 테이스팅으로 엄선된 원두만을 사용한다고 한다.
www.urbanpot.co.kr

카페 뮤제오
Caffe Museo

'커피 박물관'을 뜻하는 카페 뮤제오에는 말 그대로 커피에 관한 모든 것이 있는 쇼핑몰이다. 에스프레소를 추출할 수 있는 각종 커피 머신과 핸드드립에 필요한 용품들, 신선한 원두와 다양한 시럽 등 커피와 차에 관한 모든 것을 한 곳에서 구매할 수 있다. 처음 커피에 빠져 핸드드립에 필요한 도구들을 하나씩 들인 곳도 카페 뮤제오를 통해서였다. 커피에 관한 알찬 정보도 많아서 커피 입문자에게는 여러모로 유용한 곳이다.
www.caffemuseo.co.kr

취미의 발견
여덟

PHOTOGRAPH

우리 가족 매일의 기록 | 사 진

전몽각 선생의 《윤미네 집》은 사진을 좋아하는 한 사람으로서 참으로 감동이었다. 지금은 세상을 떠난 아버지의 사랑이 한 권의 사진집으로 남아 세상의 아들, 딸들에게 깊은 감동을 주고 있다. 첫딸 윤미가 태어나 결혼을 하고 미국으로 떠나기 전까지 26년 간의 기록. 딸이 커가는 모든 순간을 남겨 두고 싶었던 아버지는 딸이 커서 데이트하는 장소까지 몰래 따라가 사진을 찍었던, 자식을 향한 아버지의 애틋하고 넓은 사랑이 한 장 한 장의 흑백 사진 속에 고스란히 담겨져 있다. 사진집 속 '마이 와이프'에서는 수줍은 갈래머리의 아가씨 모습에서부터 아이들의 어머니로, 또 그 아이들의 어린 아이들과 손을 잡고 춤을 추는 할머니로, 함께 늙어가는 아내의 모습을 담고 있다. 이 사진들은 전몽각 선생이 췌장암 시한부 선고를 받은 상태에서도 아내를 위한 사진집을 만들어 주겠다는 약속을 지키기 위해 마지막까지 정리한 것이라고 한다. 딸에 이어 아내에 대한 깊은 사랑에 또 한 번 가슴 뭉클한 감동을 받지 않을 수 없었다.
《윤미네 집》은 사진을 좋아해 거의 매일 습관처럼 카메라를 꺼내 들었던 나에게도 다시 한번 우리 가족의 역사를 소중히 기록해야겠다는 생각을 들게 했다.

콩콩 씨의 또 다른 눈, 혹은 다이어리

시골로 내려와서 처음 생일을 맞게 된 그해 가을. 사진 찍기 좋아하는 아내에게 제대로 된 카메라 한 대 사주고 싶다고 남편 꽁지 씨가 그 좋아하는 막걸리와 담뱃값을 아껴 모은 돈이라며 뭉치의 현금을 내어 놓았다. '막걸리와 담뱃값을 아껴 모은 돈'을 특히나 강조하면서 말이다. 그렇게 고마운 마음을 받아 처음 장만했던 나의 첫 번째 DSLR 카메라 '키스'(카메라에 붙여준 이름)

그때부터 블로그를 통한 콩콩 씨의 제대로 된 사진 기록도 시작되었다. 어린 태, 해랑의 어린이집 첫 등원 모습도, 시골로 이사 와서 첫눈이 펑펑 내려 마당에서 종일 놀았던 동화 같은 풍경도, 사과 박스가 근사한 소품이나 그릇장으로 바뀌는 과정도, 벽돌 한 장 한 장 쌓아 가며 손수 지어 장작가마에 첫 불을 때던 축제 같은 그 시간도… 모두 나의 카메라를 통해 사진으로 남겨졌고, 블로그를 통해 이야기와 함께 기록되었다.

카메라는 평범한 일상을 특별하고 반짝이게 하는 매력을 가지고 있다. 하루하루 자라는 게 아쉽기만 하던 꼬마 태, 해랑이 언제 이렇게 컸나 싶을 정도로 훌쩍 성장했고, 낡은 시골 농가는 우리만의 멋진 오렌지카운티가 되어 있다. 그 시간들을 카메라가 나의 또 다른 눈이 되어 우리 가족을 담고 있었다. 때로는 기억보다 선명한 영상으로 우리 가족의 역사를 한 장 한 장의 사진으로 남기는 일을 계속 도와주고 있다.

태, 해랑의 육아일기 겸 성장 앨범

2005년 여름, 서울 생활을 정리하고 이천 시골집으로 이사한 태, 해랑네. 당시 3살, 5살이던 꼬마 태, 해랑은 자연 속에서 건강하게 자라 지금은 12살, 14살이 되었다.

봄엔 벚꽃 흐드러진 산책길을, 가을엔 붉게 물든 단풍길을 네발 자전거에서 두발 자전거가 되도록 내달리던 태, 해랑의 모습을, 온통 하얀 눈꽃으로 덮인 산책길을 우리만의 썰매장으로 만들어 해 떨어지는 줄 모르고 온종일 눈썰매 타던 모습을, 매년 도자기 축제로 바쁜 봄에 생일을 맞는 해랑이가 오빠처럼 마당에서 친구들을 불러 생일파티를 해 달라며 몇 해를 졸라 첫 생일파티를 열던 날의 행복한 풍경을, 놀이터에서 그네를 타다 떨어져 얼굴 가운데를 다쳐 가슴 철렁 내려앉게 만들던 천방지축 명랑소녀 해랑이가 어느새 문득문득 엄마 모습 엿보이는 숙녀로 자란 예쁜 모습을, 인도로 유학을 떠나던 날 애써 눈물 삼키며 출국하는 태랑이의 가슴 아프도록 의젓한 모습을, 몇 달 만에 다시 만난 까까머리 밤톨의 태랑 군과의 기쁜 재회의 모습을…. 아이들의 성장과 함께 차곡차곡 쌓여 사진으로 남아 있다.

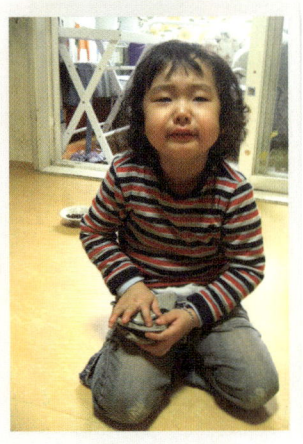

꽁지 씨의 작품 포트폴리오

나의 남편, 꽁지 씨… 그는 도예가다.
스스로는 '흙 만지는 놈, 김영기'라 한다.
흙을 만지면 마음이 편안해지고 위안이 된다는 그,
컴퓨터 메일도 보내 본 적이 없는
디지털 시대에 지극히 아날로그로 살고 있는 꽁지 씨.
그와 함께하며, 그런 그의 곁에서
아이들의 아버지로, 한 여자의 남편으로,
흙을 빚는 작가로서 그의 작품과 기록들을
차곡차곡 남겨 주고 싶다.

콩콩 씨의 핸드메이드 다이어리

틈틈이 만들어 시간 날 때마다 찍어 둔 핸드메이드 작품을 담은 사진들. 그 속에는 내가 만든 작품만이 아니라 모델이 되어 준 태, 해랑의 성장도 있고, 배경이 된 오렌지카운티의 아름다운 사계도 있고, 열정으로 가득한 나의 젊음도 들어 있다. 그동안 함께하며 조금씩 업그레이드된 카메라처럼 나의 핸드메이드도 끊임없이 진화했고, 그 속에서 아이들은 자랐으며, 나의 소소한 일상이 모여 우리 가족의 멋진 역사가 되었다. 호기심 많은 나의 핸드메이드가 앞으로도 끊이지 않고 계속되듯 나의 사진 기록 역시 계속될 것이다. 오늘이 지나면 모두 그리움으로 기억될 날들이니까.

01 2006년 이었을까? 일본 정원 관련 책에서 본 스툴을 따라 만들고 기념으로 남긴 사진

02 데크룸은 언제나 나의 핸드메이드 스튜디오가 되어 주는, 전체가 리폼의 공간이라 할 수 있다.

03 올록볼록한 느낌이 좋아 퀼트로 가방을 만들고, 햇살 좋은 가을날 오후에 기념 촬영했다.

04 크로스백을 만들어 딸아이에게 주었더니 자연스럽게 모델이 되어 주었다.

05 시골 생활 8년의 이야기를 담은 《시골 낭만 생활》 역시 사진을 통해 기록되었다.

함께하면 일상이 즐겁다.

01 **캐논 EOS 350D**
DSLR, 800만 화소, 1:1.6 크롭 바디, ISO 1600
꽁지 씨가 막걸리와 담뱃값을 아껴 생일 선물로 사 준 나의 첫 DSLRDigital Single Lens Reflex 카메라이다. 몇 년 동안 거의 매일 사진을 찍으며 아꼈던 의미 있는 카메라로 지금은 태랑이에게 물려줬다. 보급형 기종으로 DSLR 사진 입문에 좋은 카메라이다.

02 **캐논 EOS 5D**
DSLR, 1280만 화소, 1:1 풀프레임, ISO 3200
친구에게 중고로 산 EOS 5D이다. 당시 출시된 지 5년이 넘었지만, 그때까지도 가격이 만만찮은 기종이었다. 하지만 꼭 써 보고 싶었던 풀 바디 기종이기에 지금까지도 만족하며 사용하고 있는 나의 애장품 1호 카메라다.

03 **캐논 EOS 5 필름 카메라**
필름 카메라지만 디지털화된 카메라 기종이라고 하면 표현이 맞을까? 캐논의 DSLR 보급 기종들과 작동 방법은 같고, 필름을 넣어 사용한다는 차이를 가지고 있는 카메라다. 내가 갖고 있는 캐논 렌즈와 호환이 되어서 좋다. 한마디로 DSLR처럼 쉽게 작동하고, 사진은 아날로그의 매력을 그대로 가지고 있는 멋진 필름 카메라이다.

04 **파나소닉 루믹스 GF2**
작고 가벼운 렌즈교환식 미러리스 카메라다. 최신 기종은 와이파이 연결 기능이 있어 바로 SNS 공유가 가능하다. 루믹스 DF2는 2011년 모델로 와이파이 기능은 없으나, 와이파이 SD 카드 또는 OTG 케이블로 그 기능이 가능해 가볍게 찍거나 일상을 담는데 자주 사용한다.

캐논 50mm f1.4 렌즈
사람 눈의 화각 46도와 거의 흡사하다는 50mm, 1:1 풀프레임 바디용 단렌즈이다. 최대 1.4까지 개방되는 밝은 조리개 값에 아웃포커싱 되는 느낌이 좋아서 소품 촬영에 유용하게 사용했다.

캐논 24-70mm f2.8 렌즈
5D를 들인 후 줌렌즈의 필요성에 기어이 벼르던 24-70mm를 들였다. '2470 하나면 된다'는 말이 무색하지 않을 만큼 자유로운 화각과 성능에선 전혀 흠잡을 데 없는 전천후 줌 렌즈이다. 다만, 비싼 가격도 가격이지만 너무 무거운 것이 단점이다. 평소 사용하기보다는 작품 촬영 때나 여행갈 때 챙긴다.

풀 프레임 바디 or 크롭 바디

일반적으로 필름 카메라에 사용되는 35mm 필름을 기준으로 카메라 이미지 센서의 크기가 1:1 기준이면 풀 프레임 바디Full Frame Body, 1:1.6 또는 1:1.5 등이면 화면이 잘린다고 하여 크롭 바디Crop Body라고 한다. 쉽게 말해서, 풀 프레임 바디의 화각이 크롭 바디의 화각에 비해 넓게 보이는 것이다.

카메라는 브랜드에 따라 기종에 따라 그 성능과 화질이 천차만별이다. 종류에 따라 특유의 선예도와 색감에 차이가 있어 개인마다 선호도도 다를 수 있다. 여기에 소개하는 카메라와 렌즈는 단순이 나의 감성에 맞아 즐겨 사용해 온 종류에 대한 소개일 뿐이다. 카메라의 바디는 출시년도에 따라 이름이 조금씩 다르다. 무조건 최신형이나 값비싼 제품을 선호하기보다는 내게 맞는 제품을 선택하거나 저렴하게 구할 수 있는 중고 카메라를 이용해 DSLR이 익숙해질 때까지 미리 사용해 보는 것도 좋겠다.

여행을 갈 때면 꼭 필름 카메라를 함께 챙긴다.
여행을 다녀와서도 사진을 기다리는 동안 그 설렘이 계속된다.

캐논 EOS 5, 시그마 20㎜ f1.8렌즈, 아그파 비스타 400 필름

필름 사진에 대하여

필름 한 통을 사서 찰칵찰칵 사진을 찍고, '사진이 어떻게 나왔을까?' 현상소에서 사진이 나오길 기다리는 그 설렘. 바로 찍고 바로 확인하는 디지털카메라의 편리함이야 말할 것도 없지만, 언젠가부터 그 설렘이 그리워졌다. 필름 카메라만의 아날로그적인 색감이 그리웠다. 그렇게 몇 해 전 필름 카메라 사진을 찍고 싶어서 캐논 EOS 5를 수소문하여 가지게 되었다.

지금 사용하고 있는 DSLR 카메라와 작동법은 같으면서 필름 카메라의 매력이 좋아 이후로 필름 카메라는 내가 애정하는 카메라 중 하나가 되었다.

캐논 EOS 5, 시그마 20mmف1.8렌즈, 코닥 포트라 160vc 필름
캐논 EOS 5, 시그마 20mm f1.8렌즈, 코닥 포트라 160vc 필름
캐논 EOS 5, 캐논 50mm f1.4렌즈, 아그파 200 필름/ 시그마 20mm f1.8 코닥 100 필름

사진 기록은 태, 해랑에게는 성장 앨범이고,
꽁지 씨에게는 몇 년간의 작품 포트폴리오이고,
나에게는 일상과 취미를 기록하는 핸드메이드 다이어리가 된 셈이다.

카메라로 찍은 사진은 실제보다 왜곡되기도 하고,
때론 과장된 아름다움으로 담겨지기도 하지만…
분명한 건 아무리 애써도 지나고 나면 다 기억할 수 없는 순간들을
'추억'이라는 아름다운 이름으로 남아 준다.

취미의 발견
아홉
—

TRAVEL

일상을 특별하게 만들어 주는 | 여 행

노을빛 고운 바닷가에서의 모래 놀이
밤의 조각공원,
밤바다의 등대
모닥불 앞에서의 까만 고구마
멋진 통나무집에서의 하룻밤

일요일 아침의 놀이터
다시 바닷가
파란 하늘에 하얀 새털구름
작은 해수욕장의 햇살
곱고 부드럽던 모래 감촉

이 모든 것이 단 1박 2일의 일이라곤 믿기지 않는
떠오르는 순간순간이 어찌나 가슴 벅찬지
행복했던 그날의 짧은 가을 여행

아이들은 밤새도록 바다 이야기를 하다
잠이 들었다.

잊지 못할 일상 속 작은 쉼표, 여행이다.

카라반의 2박 3일

푸른 동해 바다, 그리고 푸른 밤

with 지와영 가족

앞으로는 푸르디푸른 망망대해, 뒤돌아보면 하얀 카라반과 소나무, 간간히 지나가는 기차. 조금 차가운 물에도 아이들은 아랑곳없이 물놀이를 하고, 물이 좀 차갑다 싶으면 밖으로 나와 모래성을 쌓으며 몸을 덥힌다. 휴가철이 조금 지나긴 했지만 8월 한가운데의 여름 해수욕장. 북적북적 인파를 걱정하고 왔지만 뜻밖의 한가로움에 마음이 자유로워진다. 살랑살랑 머리카락을 간지럽히는 바닷바람 아래 아이들이 뛰어노는 것을 보는 것만으로도 엄마는 휴식이 된다. 푸른 동해 바다가 조금씩 어둑어둑해지는 밤. 타프, 소나무, 바다, 그리고 램프… 카라반 너머로 하얀 달이 떠오른다. 깊고 푸른 바다만큼 깊고 푸른 밤하늘, 좋은 풍경, 좋은 사람들…

망상오토 캠핑리조트

망상오토 캠핑장은 자동차 전용 캠프장으로 오토 캠프장, 카라반, 캐빈하우스, 아메리칸코테지와 같이 다양한 숙박시설을 갖추고 있다. 그중 카라반을 이용한 여행은 바로 앞 동해 바다의 푸른 파도 소리를 들으며, 이국적인 카라반에서의 색다른 캠핑 여행을 즐길 수 있다. 카라반은 동해시에서 직영으로 운영되는 곳이 10대, 굿위크엔드와 휠라이프에서 사설로 운영되는 카라반이 약 70대 운영되고 있다. 휠라이프의 회원이 되면 기존 가격에서 할인도 받을 수 있다. 사전 예약 후 이용이 가능하므로 홈페이지를 참고해서 자세한 내용을 확인 후 이용하길 바란다.

망상오토 캠핑리조트 홈페이지 www.campingkorea.or.kr
휠라이프 홈페이지 www.feelife.co.kr

5박 6일의 아날로그 남도 여행

순천과 보성을 걷다.

맘속으로 늘 슬로우 라이프, 슬로우 트래블을 꿈꾸지만 어쩌다 짬이 나서 떠나는 여행에서는 또다시 서두를 수밖에 없는 게 현실이다. 그러다 어느 해 여름, 전남 순천과 보성을 돌아 고향인 고창으로 올라오는 계획으로 떠났던 5박 6일의 남도 여행. 여행 내내 느릿느릿 걷고, 또 걸었던 남도에서의 아날로그 기억! 잔잔한 파도가 일렁이듯 넘실대던 드넓은 순천만 갈대밭의 풍경과 힘들게 오른 용산전망대에서 우연하게 볼 수 있었던 가슴 벅찰 만큼 아름다웠던 붉은 낙조, 녹차 향기 듬뿍 머금은 초록 바람이 이마에 맺힌 땀방울을 살랑살랑 닦아 주던 짧지만 긴 여운이 남았던 보성 차밭의 기억까지…
TV광고나 드라마, 각종 영상을 통해서 워낙 많이 보아 와서 내심 식상하지 않을까 걱정했지만, '직접 보지 않고서는 말하지 말라'는 말처럼 고즈넉한 남도의 아름다움을 진하게 느낄 수 있었던 여행이었다.

01-02 순천 낙안읍성

조선 중기 만들어진 석성으로 성 안에 100여 가구의 주민들이 실제 거주하고 있는 곳이다. 마을 곳곳에 전통 문화를 체험할 수 있는 체험장이 마련되어 있으며, 마을을 둘러싸고 있는 약 1.4㎞ 둘레의 성벽 돌담을 따라 걷다 보면 옹기종기 모여 있는 초가집의 풍경이 한눈에 들어온다. 성벽을 따라 느릿느릿 걷다 보면 잠시 시간을 잊은 채 옛 선조들의 문화와 삶 속으로 빠져드는 것 같이 조용하고 정겹다. 아이들과 함께 한나절 둘러 볼 수 있는 곳이다.

주소 전라남도 순천시 낙안면 남내리 충민길 30
전화 061-749-9931
이용시간 09:00~18:30(계절에 따라 조금씩 다름), 연중무휴
입장료 성인 2,000원, 청소년 1,500원, 어린이 1,000원

03-04 보성 녹차밭

보성읍 보성리 일대에 초록의 녹차밭이 형성되어 있고, 그중 가장 유명한 곳으로 각종 CF 촬영의 배경이 되었던 대한다원이다. 산자락을 따라 이루어진 보성 최대의 드넓은 차밭과 들어가는 입구의 길게 뻗은 삼나무길은 발걸음을 쉽게 떼지 못할 만큼 충분히 매력적이었다.

주소 전라남도 보성군 보성읍 녹차로 763-67 (대한다원)
전화 061-852-4540
이용시간 09:00~19:00(동절기 ~18:00)
입장료 성인 3,000원, 청소년·어린이 2,000원

05-06 순천만 갈대밭

순천만의 갈대밭은 순천만 자연생태공원 안의 드넓은 습지에 위치해 있다. 무진교를 지나 길을 따라 가다 보면 드넓은 갈대밭이 눈앞에 펼쳐지는데 갈대밭 뒤로 푸른 하늘과 몽글몽글 구름이 넋을 빼고 볼 만큼 아름다웠던 곳이다. 아이들과 함께라면 갈대밭을 한 바퀴 돌아오는 기차 투어와 선상 투어를 타 보는 것도 좋은 경험이 된다.

07 용산전망대의 낙조

순천만의 S자 물길과 갯벌을 한눈에 내려다 볼 수 있는 곳이다. 특히 이곳에서 바라보는 붉은 낙조는 우리나라의 아름다움을 또 한 번 느끼게 해 주었을 만큼 벅차고 감동적이었다. 순천만에 간다면 용산전망대에서의 낙조는 꼭 보고 오기를…

주소 전라남도 순천시 순천만길 513-25 (순천만 자연생태공원)
전화 061-749-4007
이용시간 08:00~일몰 시까지 (계절에 따라 조금씩 다름)
입장료 성인 5,000원, 청소년 3,000원, 어린이 2,000원

슬로시티에서 보낸 짧고도 긴 1박 2일

증도

전라남도 신안군의 크고 작은 수많은 섬들 중 하나인 증도. 꼭 한번 가보고 싶었던 슬로시티 증도에서 1박 2일의 시간을 가졌다. 새롭게 개통된 증도대교를 건너 섬으로 들어가 다시 한번 짱뚱어다리를 지나면 해변을 따라 커다란 야자수 나무가 늘어선 우전해수욕장이 눈앞에 펼쳐진다. 고운 모래의 백사장과 탁 트인 푸른 바다, 동남아에나 있을 법한 짚으로 만들어진 파라솔이 한껏 이국적인 풍경을 연출한다. 물이 빠진 갯벌에서 백합도 잡고, 물이 차면 다시 물놀이를 하고, 해질녘엔 시원한 바닷바람을 맞으며 야자수길 따라 하이킹을 즐겼다. 숙소를 따로 예약하지 않고 온 길이여서 우전해수욕장의 해송숲에 자리한 몽골텐트를 대여해서 그곳에서 하룻밤 묵기로 하였다. 텐트에서의 밤은 생각만큼 그리 편한 잠자리는 아니었지만, 그 또한 슬로시티 증도에서 누릴 수 있는 기억에 남을 추억이었다.

증도닷컴
몽골텐트 대여는 1동(4인 기준) 대여료 3만 원이며, 보증금 만 원이 있다. 보증금은 퇴실 때 쓰레기를 깨끗이 버릴 경우 쓰레기 봉투 값 1,000원을 제외하고 반환해 준다. (여름엔 몰려드는 인파로 증도 전체가 쓰레기 몸살을 앓는다고 한다.) 이용시간은 오후 2시부터 다음날 11시까지다. 캠핑을 즐기는 분들은 야영장이 있어 개인 텐트를 칠 수도 있다. 사전에 홈페이지를 통해 미리 예약 확인을 하고 가는 것이 좋다.
www.jeung-do.com

태평염전
단일 염전으로 국내 최대 규모로 증도 입구에 140만 평의 넓은 소금밭이 형성되어 있다. 태평염전엔 소금박물관과 소금레스토랑이 함께 운영되고 있어 아이들과 함께 소금에 관한 다양한 체험을 즐길 수 있다.

화도
증도에서 차 한 대 겨우 지나가는 좁은 바닷길로 연결되는 작은 섬 화도. 드라마 [고맙습니다 2007]의 촬영지로 유명세를 탄 곳이지만, 기대가 크면 실망할 수도 있으니 큰 기대는 금물! 마을 자체보다는 마을로 들어가는 작은 길은 한 번쯤 걸을 만하다.

고창 학원농장과 선운사

매년 청보리가 파릇한 계절에 찾았던 고향… 올해는 조금 늦게 갔더니 까슬까슬 보리가 황금빛으로 익어가고 있다. 봄에는 들판 가득 청보리가 초록 물결을 이루고, 가을이면 같은 자리에 메밀꽃이 하얀 소금밭을 이루는 나의 고향 고창의 풍경이다. 봄에는 병풍처럼 둘러 쌓인 아름드리 동백 숲에서 동그란 동백꽃이 피어 단아한 자태를 자랑하고, 가을에는 꽃무릇의 아련한 그리움의 춤사위가 이어지는가 하면 붉은 단풍의 처연함에 온몸이 떨리는 선운사의 사계절 또한 고창에서 누릴 수 있는 자연의 아름다움이다.

봄에는 청보리가 익어가고, 가을에는 하얀 메밀꽃이 흩뿌려진
언제나 아름다운 나의 고향 고창의 사계

04월 붉은 동백꽃 피어오르는 선운사
04-05월 청보리 익어가는 계절
09월 청보리가 가득하던 자리에 하얀 메밀꽃밭
09월 동백꽃 진 자리에 아련하게 핀 꽃무릇
10월 국화 향기로 가득한 돋음볕마을
11월 선운사의 활활 타오르는 단풍

시원한 나무 그늘 아래 한참을 만드는가 싶더니
불쑥 꽃다발을 내민다.

고창 학원농장에서 붉은 클로버 꽃다발을 받다.

01-03 선운사
도솔산이라고도 하는 선운산 북쪽 기슭에 자리 잡고 있는 선운사는 백제시대에 지어진 천년 고찰이다. 500년 수령의 동백나무는 선운사를 대표할 만큼 봄철(4월) 아름드리 나무에서 피워 낸 붉은 꽃의 자태가 장관이다. '툭'하고 동백이 붉은 봉우리를 떨어뜨리면 그 붉은 기운을 땅에서 받은 듯 가을엔(9~10월) 선운사 주변으로 붉은 꽃무릇이 지천이다. 늦가을(11월) 도솔천을 따라 늘어진 붉은 단풍은 또 어떠한가? 물에 비친 단풍나무의 반영과 나무 사이로 비치는 햇살은 한 폭의 아름다운 수채화가 따로 없다.
주소 전북 고창군 아산면 선운사로 250 **전화** 063-561-1422

04-05 고창 학원농장
10만 평이 넘는 대평원의 농장으로 봄에는(4~5월) 청보리가, 여름에는(7~8월) 노오란 해바라기가, 가을에는(9월~10월) 하얀 메밀꽃의 장관이 펼쳐지는 국내 최대의 관광농원이다. 개화가 절정일 때는 계절마다 축제도 열리니 홈페이지를 통해서 자세한 정보를 확인하고 움직여 보라. 최근엔 사진 애호가들 사이에 출사지로도 인기 장소라고 한다.
주소 전북 고창군 공음면 학원농장길 158-6 **전화** 063-564-9897 **홈페이지** www.borinara.co.kr

06-07 고창 국화마을
국화마을로 더 유명한 고창 부안의 '돋음볕마을'에는 계절에 아랑곳없이 마을 곳곳에 국화꽃이 가득하다. 집집마다 예쁜 국화꽃과 주민 한 사람 한 사람의 활짝 웃는 얼굴이 담장의 벽화로 그려져 있고, 아름다운 시들이 그 벽을 함께 장식하고 있다. 또한 마을 가까이에 서정주 시인의 생가와 문학관이 있다. 가을에는 수만 송이의 국화꽃이 만개해 국화 축제(10월~11월 초)도 열리는 말 그대로 국화마을이다.
주소 전북 고창군 부암면 송현리 500 **홈페이지** www.gcgukhwa.co.kr

지겹다고 불평하다가도 금세 그리운 그곳,

나마스테 인디아!
2008, 2012, 2013

어느 날 문득 인도로 떠나게 된 작은 언니네 가족, 걱정과 그리움에 일주일 동안 친정 아버지를 눈물로 지새게 만들었던 언니네 가족을 만나기 위해 아버지를 모시고 처음 방문했던 게 2008년의 인도이다. 몇 년 뒤 우연인지 필연인지 아들 태랑이를 인도로 유학 보내게 되고, 그 후 몇 차례 인도를 여행 아닌 여행으로 다니게 되었다.

밤새도록 끊이지 않는 소음, 목이 따가울 정도로 매운 매연과 먼지가 가득하고, 어딜 가나 수많은 인파에 치이던 곳, 인도!

나에게 인도는 사랑하는 가족과 아들이 있는 곳으로, 돌아오면 어김없이 끙끙 앓지만 언제나 그리울 수밖에 없는 나라이기도 하다.

인도에서 일상 생활자로 살아보기

길지 않은 보름 동안의 인도 여행 중
일주일은 인도 속의 인도 여행을,
일주일은 일상 생활자로 살아보기로 했다.
꽃 시장에 가서 꽃을 사고, 청과 시장에 들러 장을 보고,
서점에서 취미 관련 책들과 인테리어 책들을 들춰 보고,
길거리에서 차이를 마시는 등 조금 더 인도에 스며들기…

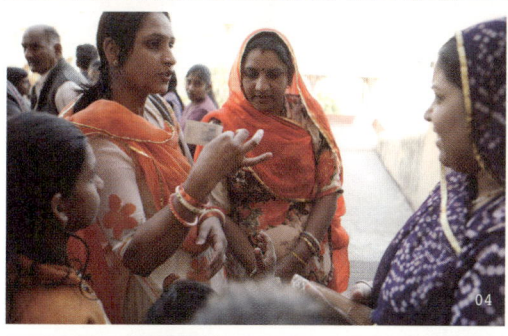

01 청과 시장에서 만난 소년들… 맨발이 아프다.
02 꽃 시장의 북 치는 아저씨. 신나게 치는 북소리에 흔쾌히 팁 투척
03 인도의 주마다 다른 컬러의 오토릭샤
04 사진 찍히기를 좋아하는 인도 사람들. 폴라로이드를 이용해 함께 사진을 찍고 즉석에서 사진을 뽑아 주었다. 그들에게도 우리에게도 좋은 추억이 되었다.
05 인도 꽃 시장에 수북하게 쌓인 주황색 금잔화. 금잔화는 꽃송이만을 이어 힌두교 사원의 제단에 헌화하는데 많이 쓰인다.
06 인도의 유명한 차이. 하지만, 위생상태를 보고는 도전하기 쉽지 않은 길거리표 차이. 눈 딱 감고 마셔 본다. 오홋! 반했다.
07 까탈스런 태랑이 입맛도 사로잡은 길거리표 군것질. 얇게 저민 감자튀김 (당연 맛살라 향신료가 잔뜩 뿌려져 있다.)

인도의 로컬 시장

어느 나라든 시장 구경은 재미있다고들 한다. 하지만 솔직히 인도 시장 구경은 좀 무섭기도 했다. 인도의 로컬 시장은 관광객이 적어 낯선 이방인을 향한 눈길이 한번에 집중되었다. 그들의 쏠리는 시선에 이유 없이 긴장되고 살짝 두려움까지 들기도 한다. 하지만, 그것은 그들이 아닌 나로부터 시작된 두려움이라는 것을 알게 되었다. 두려움을 드러내지 않기 위해 눈 마주침 대신 카메라를 들면, 어느새 카메라 렌즈 안에 수줍게 웃거나 어색한 포즈를 취한 그들의 모습이 담겨 있다. 괜한 멋쩍음에 어색하게 웃으면 어느 나라에서 왔는지, 필요한 게 있는지 먼저 말까지 걸어온다. 누군가의 아빠일 테고, 남편이며, 한 집의 가장일 그들, 외국인이라고 바가지 요금을 불렀다가도 한국 아줌마의 흥정 앞에선 싱겁게 어깻짓하고 바로 현지인 가격으로 깎아 주는 순박한 사람들이었다.

사람 사는 곳 어디나 똑같다!

> "좋은 면만 보고 좋은 것만 생각하면 돼.
> 그러면 아무것도 무섭지 않아.
> 나쁜 일이 생기면 그건 그 시점에서 생각하면 되는 거지."
> – 무라카미 하루키의 《빵가게 재습격》 中에서 –

꽃집의 아가씨는 예뻤고,
꽃을 든 남자는 멋있었다.
인도 꽃의 향기는 진했고,
삶의 향기는 더욱 진했다.

인도 여행 중에 떠난
인도 여행

2008. 교과서 속의 유적지 찾아가기
2012. 뿌네에서 델리로 떠난 북인도 여행
2013. 그들의 낙원을 찾아 떠난 남인도 여행

01 **아잔타 석굴** *Ajanta Caves* 마하라슈트라 주의 북서부 구릉에 BC 1, 2세기경부터 개굴된 불교 석굴이다. 수많은 석굴의 아잔타 벽화와 조각들은 당시 인도의 풍습과 불교 문화를 볼 수 있는 중요한 세계문화유산이다.

02 **엘로라 석굴** *Ellora Caves* 아잔타 석굴에서 북동쪽으로 100㎞ 정도 떨어진 곳에 위치한 고대 문명의 석굴로 2㎞ 넘는 절벽에 불교, 힌두교, 자이나교에 바치는 34개의 사원과 수도원으로 만들어져 다양한 신들을 모시던 인도의 종교 문화를 볼 수 있다.

03 **비비 까 마끄바라** *Bibi Ka Maqbara* '가난한 자의 타지마할'이라 불리는 '비비 까 마끄바라'는 무굴제국의 6대 황제인 아우랑제브가 부인을 추모하기 위해 만든 무덤이라고 한다. 타지마할을 모델 삼아 지었으나 비용이 모자라서 작게 지어졌는데 오늘날에는 타지마할의 짝퉁이라는 불명예를 얻게 되었다고 한다. '찬란한 무덤'이라는 타지마할에 비할게 못되지만 멀리서 바라보는 모습과 부인을 향한 사랑은 그에 못지 않아 보였다.

04 **자마 마스지드** *Jama Masjid* 자마 마스지드는 델리에 있는 인도 최대 규모의 이슬람 사원이다. 타지마할을 건설한 무굴제국의 황제 샤 자한이 지은 최후의 건축물로 2만 5천 명의 신자를 수용할 수 있는 규모라고 한다.

05 **쿠트브 미나르** *Qutb Minar* 쿠트브 미나르는 유네스코 세계문화유산으로 등재된 인도 델리의 유적지로 인도 최초의 노예왕조를 세운 쿠트브 웃 딘 아이바크가 힌두교와의 싸움에서 이겨 그 승리를 기념하기 위해 13세기 착공한 기념비이다. 전체 높이 72.5m에 기단의 넓이는 14.32m, 정상부는 2.75m로 좁아지는 전체 5층으로 된 붉은 사암의 탑이다.

블루시티 조드푸르 *Jodhpur*
영화 [김종욱 찾기]로 인해서 우리에게 알려지기도 한 조드푸르이다. 조드푸르의 중심 메헤랑가르 성 위에서 내려다보는 도시 전체가 실제 '블루'라는 것만으로 설레었던 곳이다. 브라만들이 계급의 차이를 나타내기 위해 자신들의 집을 파란색으로 칠했다는 유래의 씁쓸함을 잊게 하는 아름다움과 웅장함이 있던 곳, 블루시티를 한눈에 내려다보는 배경의 높은 성곽에 있다는 것 자체만으로도 영화 속 주인공이 된 기분이었다.

01 조드푸르와 메헤랑가르 성 *Meherangarh Fort*
조드푸르는 인도의 북서부 라자스탄 주에 있는 타르 사막 입구에 있는 도시이다. 도시 전체가 약 10km에 달하는 성벽으로 둘러 쌓여 있으며, 조드푸르 한 가운데 122m 높이로 솟은 사암지대에 메헤랑가르 성Meherangarh Fort이 있다. 메헤랑가르는 적들의 침입을 막기 위해 세워진 요새로써 성벽 높이만 36m에 달한다. 높은 언덕 위에 있어 그만큼 오르기가 쉽지 않지만 메헤랑가르 성에서 내려다보는 조드푸르의 푸른 풍경은 그 수고로움을 한번에 잊게 만든다. 영화 [김종욱 찾기] 덕에 한국관광객이 많이 찾아서 한국어 설명으로 된 오디오 플레이어도 대여 가능하다.

02 핑크시티 자이푸르 *Jaipur*
자이푸르는 라자스탄의 주도로 1728년에 자이싱 2세가 암베르 궁에서 도읍을 옮기면서 지은 계획 도시이다. 7개의 성문이 있고, 성 안쪽에는 '바람의 궁전'이라 불리는 하와마할 궁이 있다. 1879년 영국의 에드워드 7세 왕세자가 자이푸르를 방문할 당시에 그를 환영하기 위해 도시 전체를 핑크빛으로 칠한 것이 지금까지 이어져 오고 있다고 한다.

03 케랄라 하우스보트 *Kerala, Houseboat*
넓은 수로를 따라 수상 교통이 발달한 케랄라Kerala 주에는 '하우스보트Houseboat'라는 수상가옥이 유명하다. 말 그대로 배 위에 지어진 집을 일컫는데 그 집을 개조하여 관광객을 상대로 영업하는 일종의 숙소이다. 실제 원주민들이 거주하는 소박한 게스트하우스 형태에서부터 일급 호텔이 부럽지 않은 호화로운 숙소까지 가격에 따라 다양한 종류가 있다. 잠자리는 물론 아침, 점심, 저녁 식사와 함께 다과와 차까지 제공되며, 중간중간 마을을 들러 구경을 할 수도 있다. 보통 1박 2일 또는 2박 3일 동안 이용하며, 남인도에서 누릴 수 있는 특별한 여행 방법이다.

04 코발람 비치 *Kovalam Beach*
케랄라 주의 남쪽 끝에 위치한 바다로 최초 영국인들에 의해 개발된 해변 휴양지이다. 지금은 해변을 따라 고급 리조트와 다양한 휴양시설이 들어서 인도 최고의 휴양 도시로 알려져 있다. 해변의 양 옆으로 야자수 나무 언덕이 있으며, 평소에는 백사장이던 모래가 몬순기에는 검은 모래 흑사장으로 변한다고 한다.

05 포트코친 *Fort Kochin*
케랄라 주에 위치한 작은 항구 도시이다. 포트코친의 중심 거리인 프린세스 거리를 중심으로 중세 유럽 스타일로 지어진 오래된 호텔과 카페들이 있어 남인도를 여행하는 여행자들이 잠시 머물렀다 가는 길목 역할을 하는 곳이라고 한다. '포트코친에 와서 까따깔리Kathakali를 보지 못했다면 포트코친을 다녀간 것이 아니다.'라는 말이 있을 정도로 포트코친에는 인도의 전통 무언극인 까따깔리 공연이 매일 열리고 있다.

01-02 예수의 열두 제자 중 도마의 순교지로 알려진 남인도의 첸나이Chennai. 수많은 신이 공존하는 인도 땅에서 그렇다고 교회를 만날 줄은 몰랐다. 첸나이 시내가 아래로 내려다보이는 그 언덕에서 예수의 행적과 십자가, 도마를 만나는 게 낯설기도 했고, 왠지 울컥하기도 했다.
03-04 물 흐르는 대로 맡기기만 하면 되었던 아무것도 하지 않을 자유가 그 수로에 있었던 케랄라 알라뿌자 하우스보트에서의 하룻밤이었다.
05-06 유러피안들이 사랑하는 인도 최고의 휴양지 '코발람'이라고 여행 책자에는 분명히 적혀 있었지만, 크리스마스 휴가를 맞이한 그곳에는 인도인들만이 맘껏 바다를 누리고 있었다. 그들의 땅에 그들이 누리는 게 당연하거늘…
07 포트코친의 항구 입구에 설치되어 있던 거대한 중국식 어망이다. 예전엔 생업에 꼭 필요한 것이었지만, 지금은 관광용으로 설치되어 있는 듯 한데 어찌 되었던 포트코친의 명물이라 한다.
08-09 유럽의 어느 골목을 걷고 있는 것처럼 이곳이 인도인가 싶게 이국적인 건물과 상점들이 있던 포트코친 프린세스 거리에서 만났던 티포트Tea Pot 카페이다. 일부러 찾아간 곳이지만 잠시 쉬어가기 좋은 티포트에서의 여유로운 티타임이었다.

TRAVEL | 187

낯선 이방인을 무서운 표정으로 경계하면서도
카메라 앞에서는 언제나 수줍은 포즈를 취해 주며
사진 찍히는 걸 유난히 좋아하던 순수한 사람들이었고,
복잡하고 지저분해 눈살을 찌푸리게 하다가도
보이는 것마다 흉내낼 수 없는 화려한 컬러의
빈티지 천국이었던 아름다운 곳, 그곳 또한 인도였다.

안녕, 나마스테 인디아!

돌아오기

돌아오기 위해 떠나는 여행,
그 추억의 힘으로 일상을 또 살아간다.

MY FAVORITE SHOP

콩콩 씨의 즐겨찾기

바느질, 빈티지, 커피를 좋아하는 내게 새로운 취미거리를 생기게 했고, 좋은 영감을 주기도 하고, 또 필요한 것들을 구매할 수 있어 즐겨 찾는 가게들을 정리해 보았다. 오랜 시간 같은 곳을 찾고 있어서 이미 단골이 되기도 했고, 친구가 되기도 할 만큼 정 많고 감각 있는 주인장들이 운영하는 곳들이다.

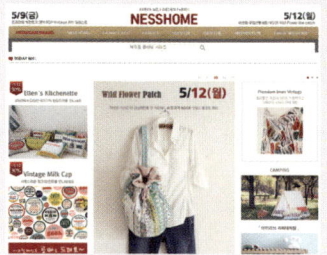

네스홈

리넨과 코튼에 관한 국내는 물론 일본까지 진출한 최고의 원단 쇼핑몰이다. 출시 때 외엔 바로 단종될 정도로 인기 있는 자체 제작 일러스트 원단부터 최신 트렌드에 맞는 북유럽풍 원단까지 다양하며, 바느질에 관련된 부자재도 한자리에서 구매할 수 있다. 최근엔 직접 보고 구매할 수 있는 동대문 오프라인 매장도 생겨 많은 사람들이 찾고 있다.

주소 서울시 종로구 종로6가 289-3 A동 5층 5117호(동대문 종합 시장) T 02-2285-4803
H www.nesshome.com

손잡이닷컴

리폼과 DIY에 필요한 모든 자재를 구매할 수 있는 쇼핑몰이다. 손잡이와 경첩 같은 철물에서부터 페인트와 벽지, 반제품 목재부터 맞춤사이즈 목재 절단까지 가능하다. 특히, 리폼과 DIY에 관련된 다양한 커뮤니티와 강좌가 운영되고 있어 초보자들에게 많은 도움이 된다.

H www.sonjabee.com

자작나무

손재주 많은 남자와 아이디어 많은 여자, 이 부부가 함께 운영하는 대전에 위치한 맞춤 주문제작 가구 공방이다. 친환경 도료를 이용한 핸드메이드 가구 제작으로 가구 하나에 정성과 자부심을 걸고 만들어내는 명품 핸드메이드 가구이다. 자작나무만의 깔끔하고 탄탄한 느낌이 좋다.

주소 대전시 동구 용운동 284-10
T 042-625-2608
H www.zazaknamoo.com

아리플리마켓

미국, 일본에서 직수입한 빈티지 소품을 판매하는 곳이다. 감각 있는 세자매가 운영하는 곳으로 일반 주택을 개조해 꾸며 놓은 오프라인 매장은 한마디로 빈티지 천국이다. 특히 아리플리마켓은 빈티지 스타일의 스테인드글라스를 이용한 조명과 창문을 제작 판매한다.

주소 인천시 부평구 마장로 168번길 27
T 032-656-5661 (방문 전 전화 필수)
H www.arifleamarket.com

키스마이하우스

빈티지 조명과 라디오, 시계, 전화기 등 일상생활에 필요한 빈티지 소품을 주로 판매한다. 실용적이면서도 감각적인 키스마이하우스의 빈티지 제품들은 인테리어나 여성 관련 매거진에서 어렵지 않게 찾아볼 수 있다. 쇼핑몰을 둘러보고 있으면 쇼핑몰이 아닌 마치 소품 화보집을 보는 것처럼 감성적인 느낌이다.

H www.kissmyhaus.com

콜미레트로

많은 제품은 아니지만 빈티지 소품부터 빈티지 의류까지 주인장의 세련된 감각으로 초이스 된 물건들을 판매하는 곳이다. 원하는 빈티지가 있다면 주인장에게 부탁하면 구해주기도 한다. '20세기싸롱'이라는 이태원의 오프라인 매장과 함께 운영하고 있다.

주소 서울시 용산구 한남동 757-22 1F
T 02-6326-8734
H www.callmeretro.co.kr

쁘띠마르쉐 & 카페 치로치로
주인장이 일본에서 직접 바잉해 오는 리빙 제품과 아기자기한 소품들, 핸드메이드 도자기를 판매하는 곳이다. 남편이 직접 볶고 숙성해 내린 커피를 판매하는 '치로치로chiro75' 카페와 함께 운영하는 오프라인 가게가 평택에 있다.
주소 경기도 평택시 서정동 778-1 1F
T 070-7646-7672
H www.petitmarche.co.kr

날으는물고기
보헤미안 스타일의 감성패션 쇼핑몰 '날으는물고기'는 15년지기 친구인 두 운영자가 세계 여행을 하며 찍은 스타일 화보와 함께 선보이는 예쁜 옷과 패션 소품이 가득한 곳이다. 자유로운 감성이 묻어나는 에스닉, 히피, 빈티지 스타일에 바탕을 두고 있으면서도 과하지 않고 일상생활에서도 편안하고 캐주얼하게 입을 수 있는 'urban ethnic casual'을 추구하고 있다.
T 02-6403-1339
H www.flyingfish33.com

파머스러브레인
파머스러브레인은 건강한 식재료에 대한 관심으로 시작된, 즐겁고 건강한 식탁의 가치를 만드는 '가상 다반'의 첫 번째 브랜드라고 한다. 내 손으로 흙을 고르고 열매를 따기까지의 과정을 통해 나의 성취감, 농작의 즐거움, 건강한 식재료의 가치를 돌아보기를 제안하고 있다. 콩콩 씨는 일단 첫 번째 프로젝트인 이 꽃샵에 반했다.
T 031-284-8746
H www.farmersloverain.com

김씨네 작업실
뜨개질하는 바늘마님과 귀여운 허쉬돌을 만드는 돌스맘 두 김씨 여인이 상수동에서 운영하는 작업실이자 작은 빈티지 가게이다. 뜨개와 인형에 관한 수강 및 패키지를 구매할 수 있으며, 주인장의 감각적인 빈티지 컬렉션으로 눈호강까지 할 수 있는 곳이다.
주소 서울시 마포구 당인동 24-11 1F
T 010-9129-9695
H blog.naver.com/ksk9695

토로시 공방
리폼과 빈티지 인테리어를 좋아하는 사람이라면 모르는 사람이 없을 정도로 유명한 이진하의 작은 공방이다. 그녀만의 빈티지 색감의 페인팅 기법은 인테리어를 '좀 한다' 하는 사람들도 배우고 싶어하는 그녀만의 독특한 컬러 기법이다. 소품이나 가구를 만들어 판매하기도 하고, 인테리어 시공을 하기도 한다.
주소 경기도 포천시 신읍동 중앙로50
T 010-9176-6869
H blog.naver.com/asss9023

벤자민&데이지
독일 마이스터 플로리스가 운영하는 플라워 가게다. 독일 스타일의 내추럴하면서 고급스러운 장식 꽃을 주문, 구매할 수 있다. 남양주에 이어 최근 새롭게 문을 연 연희동 벤자민&데이지에서는 꽃 주문은 물론 독일 플라워 과정을 정식으로 배울 수도 있다.
주소 서울시 서대문구 연희동 133-30 1F
T 010-3280-8815
H www.benjamin-daisy.co.kr

사람의 손으로 할 수 있는 일은 끝이 없다.
무궁무진한 핸드메이드의 아이템에
번번이 눈 떠가는 호기심쟁이 아줌마다.